GRöLS Verlage

„Bücher sind wie Fallschirme. Sie nützen uns nichts, wenn wir sie nicht öffnen."

Gröls Verlag

Redaktionelle Hinweise und Impressum

Das vorliegende Werk wurde zugunsten der Authentizität sehr zurückhaltend bearbeitet. So wurden etwa ursprüngliche Rechtschreibfehler *nicht* systematisch behoben, denn kleine Unvollkommenheiten machen das Buch – wie im Übrigen den Menschen – erst authentisch. Mitunter wurden jedoch zum Beispiel Absätze behutsam neu getrennt, um den Lesefluss zu erleichtern.

Um die Texte zu rekonstruieren, werden antiquarische Bücher von Lesegeräten gescannt und dann durch eine Software lesbar gemacht. Der so entstandene Text wird von Menschen gegengelesen und korrigiert – hierbei treten auch Fehler auf. Wenn Sie ebenfalls antiquarische Texte einreichen möchten, finden Sie weitere Informationen auf www.groels.de

Viel Freude bei der Lektüre wünscht Ihnen das Team des Gröls-Verlags.

Adressen

Verleger: Sophia Gröls, Im Borngrund 26, 61440 Oberursel

Externer Dienstleister für Distribution & Herstellung: BoD, In de Tarpen 42, 22848 Norderstedt

Unsere „Edition | Werke der Weltliteratur" hat den Anspruch, eine der größten und vollständigsten Sammlungen klassischer Literatur in deutscher Sprache zu sein. Nach und nach versammeln wir hier nicht nur die „üblichen Verdächtigen" von Goethe bis Schiller, sondern auch Kleinode der vergangenen Jahrhunderte, die – zu Unrecht – drohen, in Vergessenheit zu geraten. Wir kultivieren und kuratieren damit einen der wertvollsten Bereiche der abendländischen Kultur. Kleine Auswahl:

Francis Bacon • Neues Organon • **Balzac** • Glanz und Elend der Kurtisanen • **Joachim H. Campe** • Robinson der Jüngere • **Dante Alighieri** • Die Göttliche Komödie • **Daniel Defoe** • Robinson Crusoe • **Charles Dickens** • Oliver Twist • **Denis Diderot** • Jacques der Fatalist • **Fjodor Dostojewski** • Schuld und Sühne • **Arthur Conan Doyle** • Der Hund von Baskerville • **Marie von Ebner-Eschenbach** • Das Gemeindekind • **Elisabeth von Österreich** • Das Poetische Tagebuch • **Friedrich Engels** • Die Lage der arbeitenden Klasse • **Ludwig Feuerbach** • Das Wesen des Christentums • **Johann G. Fichte** • Reden an die deutsche Nation • **Fitzgerald** • Zärtlich ist die Nacht • **Flaubert** • Madame Bovary • **Gorch Fock** • Seefahrt ist not! • **Theodor Fontane** • Effi Briest • **Robert Musil** • Über die Dummheit • **Edgar Wallace** • Der Frosch mit der Maske • **Jakob Wassermann** • Der Fall Maurizius • **Oscar Wilde** • Das Bildnis des Dorian Grey • **Émile Zola** • Germinal • **Stefan Zweig** • Schachnovelle • **Hugo von Hofmannsthal** • Der Tor und der Tod • **Anton Tschechow** • Ein Heiratsantrag • **Arthur Schnitzler** • Reigen • **Friedrich Schiller** • Kabale und Liebe • **Nicolo Machiavelli** • Der Fürst • **Gotthold E. Lessing** • Nathan der Weise • **Augustinus** • Die Bekenntnisse des heiligen Augustinus • **Marcus Aurelius** • Selbstbetrachtungen • **Charles Baudelaire** • Die Blumen des Bösen • **Harriett Stowe** • Onkel Toms Hütte • **Walter Benjamin** • Deutsche Menschen • **Hugo Bettauer** • Die Stadt ohne Juden • **Lewis Caroll** • *und viele mehr….*

Walt Whitman

Grashalme

Übersetzung

von

Johannes Schlaf

Inhalt

Den fremden Ländern

Ich hörte, daß ihr etwas erheischet, dies Rätsel, die neue Welt, zu erklären,
Amerika und seine athletische Demokratie:
So sende ich euch denn meine Gedichte, damit ihr in ihnen schaut, wonach ihr verlangt.

Ein Selbst sing' ich

Ein Selbst sing' ich; eine einfache abgesonderte Person;
Doch sprech' ich das Wort Demokratisch aus, das Wort En Masse.
Die Physiologie sing' ich vom Kopf bis zum Fuße;
Weder Physiognomie noch Geist allein sind der Muse preiswürdig; ich sage, weit preiswürdiger ist ihr die Gestalt in ihrer Gesamtheit.
Ich singe das weibliche ebensogut wie das männliche Prinzip.
Das Leben, unermeßlich an Leidenschaft, Puls und Kraft,
Fröhlich, zur freiesten Tätigkeit gestaltet nach göttlichen Gesetzen,
Den neuen Menschen sing' ich.

Als ich mit stillem Sinnen

Als ich mit stillem Sinnen
Zu meinen Dichtungen mich zurückwandte, und in Betrachtung lang' verweilte,
Erhob sich mit zweifelvoller Miene vor mir ein Phantom,
Schrecklich in Schönheit, Alter und Kraft,

Der Genius der Dichter der alten Länder;
Und seine Augen wie zwei Flammen auf mich richtend
Wies er mit seinem Finger auf so manche unsterbliche Dichtung
Und sprach mit drohender Stimme dies: „Was singst Du da?
Weißt Du nicht, daß es nur einen Stoff gibt für unsterbliche Sänger?
Den Krieg, das Geschick der Schlachten,
Und wie vollkommene Krieger herangebildet werden?"
„Sei es so", gab ich zur Antwort;
„Auch ich, hochmütiger Schatten, singe den Krieg; und einen langwierigeren und gewaltigeren als irgendeinen sonst;
Mit wechselndem Glück wogt er in meinem Lied; mit Flucht, Angriff, Rückzug, verzögertem und ungewissem Sieg,
(Der dennoch, denk' ich, schließlich sicher oder so gut wie sicher ist), auf dem Schlachtplan der Welt,
Um Tod und Leben, Leib und ewige Seele.
Wohl! auch ich bin gekommen, den Sang der Schlachten zu singen,
Und auch ich fördere vor allem tapfre Krieger."

Einem Historiker

Ihr, die ihr feiert, was gewesen,
Die ihr die Außenseite erforschtet, die Oberflächen der Rassen und das Leben, soweit es sich aus sich selbst nach außen gesetzt hat,
Die ihr den Menschen behandelt als Geschöpf der Politik, der Haupt- und Staatsaktionen, der Machthaber und Priester:
Ich, ein Bewohner der Alleghanies, handle von ihm, wie er ist nach eigenen Rechten,
Ertaste den Puls des Lebens da, wo es sich bisher nur selten aus sich selbst nach außen setzte (den großen Wert des Menschen,

den er in sich selbst trägt);
Ein Sänger des Persönlichen, zeichne ich das, was erst im Werden ist
Und entwerfe die Geschichte der Zukunft.

Idole

Ich traf einen Seher;
Er schritt durch Braus und Schau der Welt,
Der Kunst und Wissenschaft Gebiete, der Freuden und der Sinne
Idole zu sammeln.
Nimm in dein Lied, sprach er,
Nicht so die kunterbunte Stunde und den Tag, noch Ausschnitte, noch Teile;
Vielmehr vor allem andren nimm als Licht für alles und als Anfangslied
Das von Idolen.
Ewig Beginn aus Dunkel
Wachstum ewig und des Zirkels Rundung,
Ewig Gipfelhöhe und Versinken schließlich (sicher nur zu Neubeginn);
Idole! Idole!
Ewig Veränderung,
Ewig Wechsel der Stoffe, ihr Zerfall und ihre neue Einheit;
Ewige Werkstätten und göttliche Fabriken,
Die Idole ausströmen;
Sieh! Sei's ich, sei's du,
Sei's Mann, sei's Weib, Zustand, Bekannt oder Unbekannt:
Wir alle, scheinbar fester Reichtum, Kraft, Gebild der Schönheit:
In Wirklichkeit gestaltete Idole.
Vergängliches Gebild,

Substanz für eines Bildners Stimmung oder eines Weisen mühevollen Fleiß,
Des Kriegers, Märtyrers, des Helden Arbeit hat
Zum Vorbild sein Idol.
Und jeglich Menschenlebens,
(Die Einzelteile genommen und hingestellt, kein einziger Gedanke ausgenommen, kein Gefühl und keine Handlung)
Weit oder knapp gefaßte und aufaddierte Summe
Ist in ihrem Idol.
Der alte, alte Trieb,
Sieh! errichtet auf den früheren Gipfeln neue, höhere Gipfel
Von Wissenschaft und Neuzeit stets getrieben,
Der alte, alte Trieb: Idole.
Und allerjüngste Gegenwart,
Amerikas Betriebsamkeit, ihr trächtiger und verzwickter Strudel,
Von vereinten wie getrennten Stoffen für immer nunmehr tief entbindend,
Jüngste Idole.
Dazu Vergangenheit:
Von verschwundnen Ländern, alten Königreichen, jenseits der See,
Erobern der Vorzeit, Feldzügen und Meerfahrten:
Eine Reihe von Idolen.
Dichtheit, Wachstum, Oberfläche,
Gebirgszug und Gelände, Fels und Riesenbaum,
Urzeitgeboren und in ferner Zukunft sterbend, langlebig, dann mal aufzuhören:
Ewige Idole.
Exaltation, Entrücktheit und Ekstase;
Das Sinnfällige ihr Geburtsschoß doch,
Das Rund mit seinem Triebe zu gestalten, gestalten und gestalten,
Das ungeheure Erd-Idol.

All' Raum und alle Zeit,
(Die Sterne, die furchtbaren Sonnenrevolutionen;
Sie schwellen auf und sinken, enden, erfüllen ihren längeren oder kürzeren Zweck):
Einzig gefüllt sie von Idolen.
Die stillen Myriaden,
Die unendlichen Ozeane, in die alle Ströme münden,
Die abgesonderten, zahllosen freien Identitäten, wie das Sichtbare,
Die wahren Realitäten: Idole.
Nicht dies die Welt,
Noch diese die Weltalls, noch sie alle Weltalls:
Sinn und Ende und des Lebens ew'ges Leben,
Idole! Idole!
Über deine Vorlesung hinaus, gelehrter Lektor,
Über alle deine Teleskope, deine Spektroskope, scharfsichtiger Beobachter, und über alle Mathematik,
Über des Arztes Chirurgie und Anatomie hinaus und aller Chemiker Chemie
Des Seienden Sein: Idole.
Unstetes oder Stetes:
Immer werden sein, immer sind gewesen, immer sind
Und schwingen Gegenwärtiges in Zukunft endlos
Idole! Idole! Idole!
Der Seher und der Sänger,
Soll sie noch wahren und in höhere Stufen leiten jetzt,
Vermitteln jetzt der Demokratie und Neuzeit und soll ihnen deuten:
Gott und die Idole.
Und meine Seele, du!
Deine Wonnen, unablässigen Betätigungen und Begeisterungen,
Dein unersättlich Sehnen, schließlich doch gestillt, geschaffen um gestillt zu werden,

Sind deine Weggeleiter: Idole!
Dein ewiger Leib,
Dein in diesem Leib verborgener Leib,
Der einzige Sinn der Kunstform und das wahre Ich und Selbst:
Ein Bild und ein Idol.
Deine wahren Lieder, die nicht deine Lieder sind,
Und nicht besondre Singweisen und nicht um ihrer selber willen sind,
Sondern aus dem Ganzen kommen und steigen bis zum Höchsten und fluten:
Ein volles und gerundetes Idol.

Für ihn, den ich singe

Für ihn, den ich singe,
Baue ich die Gegenwart auf die Vergangenheit,
(Gleich einem immerdauernden, von seinen Wurzeln emporsteigenden Baum die Gegenwart auf die Vergangenheit),
Erweitere ihn mit Zeit und Raum und verschmelze die ewigen Gesetze,
Um durch sie ihn selbst zu seinem eigenen Gesetz zu machen.

Auf Reisen durch die Staaten

Auf Reisen durch die Staaten brechen wir auf,
(Ja, durch die Welt von diesen Liedern getrieben,
Treiben wir hinfort zu jeglichem Land, zu jeglicher See),
Wir, willig alles zu lernen, alles zu lehren, alles zu lieben.

Wir haben beobachtet, wie die Jahreszeiten sich selbst entfalteten und vorübergingen,
Und haben gesagt: weshalb sollte ein Mann oder ein Weib

nicht ebenso tun, wie die Jahreszeiten und ebenso sich entfalten?

Wir verweilen eine Zeit in jeder Stadt und jedem Flecken;
Wir ziehen durch Kanada, den Nordosten, das weite Mississippital und die Südstaaten;
Wir verhandeln in gleicher Weise mit jedem der Staaten:
Wir stellen Prüfungen mit uns selbst an und laden Männer und Weiber, uns zu hören;
Wir sagen zu uns selbst: Sei eingedenk, fürchte dich nicht, sei lauter, verkünde den Leib und die Seele,
Verweile eine Zeit und ziehe dann weiter; sei ergiebig, mäßig, keusch und magnetisch,
Und was du ergießest, wird dann wiederkehren, wie die Jahreszeiten wiederkehren
Und wird genau so viel wert sein wie sie.

Der ich unerschütterlich

Der ich unerschütterlich und mit Gelassenheit in der Natur stehe,
Herr oder Herrin über alles, fest mitten im Bereich der vernunftlosen Dinge,
Beseelt wie sie, passiv, empfänglich, und wie sie in Schweigen,
Finde meine Beschäftigungen, Armut, Ruhm, Schwächen,
Verbrechen weniger wichtig als ich glaubte;
Ich, an der mexikanischen See, oder in Mannahatta, oder in Tennessee, oder fern im Norden oder im Inland,
Ein Mann vom Fluß, oder ein Mann der Wälder, oder irgendein Farmer dieser Staaten, oder von der Küste oder den kanadischen Seen,
Ich, wo immer auch ich mein Leben lebe: o, Zufällen gegenüber im Gleichgewicht zu sein!

Der Nacht, dem Sturm, Hunger, Spott, Unfällen, Niederlagen
Widerstand zu leisten wie Baum und Tier!

Als ich meine Studien begann

Als ich meine Studien begann, gefiel mir der erste Schritt so wohl;
Die bloße Tatsache des Bewußtseins, diese Gestaltung, die Kraft der Bewegung,
Das geringste Insekt oder Lebewesen, die Sinne, Gesicht, Liebe;
Der erste Schritt schon, sag' ich, erweckte mir Ehrfurcht und gefiel mir so wohl.
Rüstig rückte ich vor und wünschte, rüstig wohl noch weiter vorzurücken;
Doch steh' ich nun und vertändle alle Zeit, dies alles in verzückten Liedern zu besingen.

Ich höre, daß man mich anklagt, ich wolle die Institutionen zerstören

Ich höre, daß man mich anklagt, ich wolle die Institutionen zerstören;
Doch in Wirklichkeit bin ich weder für noch gegen die Institutionen.
(Was überhaupt habe ich mit ihnen gemein, oder was mit ihrer Zerstörung?)
Einzig will ich in Mannahatta und in jeder Stadt dieser Staaten, im Inland und an der Seeküste,
In den Feldern und Wäldern, und über jeden Kiel, groß und klein, der das Wasser furcht,
Ohne Bauwerke, Regeln, Vertrauensmänner oder irgendeine

Beweisführung
Einrichten die Institution der teuren Liebe von Kameraden.

Beginner

Wie sie für das Erdendasein vorbestimmt sind, (und periodisch auch erscheinen),
Wie wertvoll und fruchtbar sie der Erde sind;
Wie sie sich mit sich selbst zurechtfinden, ebensogut wie mit irgend etwas anderem – so paradox ihr Zeitalter sich darstellt;
Wie die Menge auf sie reagiert, ohne sie doch zu erkennen;
Wie da in allen Zeitaltern in ihrem Schicksal etwas Erbarmungsloses liegt;
Wie alle Zeitalter sich in den Gegenständen ihrer Verehrung und Belohnung vergreifen;
Und wie derselbe unerbittliche Preis immer wieder gezahlt werden muß für denselben großen Kauf.

Den Staaten

Den Staaten oder einem beliebigen von ihnen oder einer beliebigen Stadt der Staaten: „Widersetzt euch viel, gehorcht wenig!“
Einmal unbesehens gehorcht heißt einmal völlig versklavt,
Einmal völlig versklavt aber wird weder eine Nation, noch ein Staat, noch eine Stadt der Erde nachher jemals ihre Freiheit wiedergewinnen.

Obgleich ich immer die Einheit singe

Obgleich ich immer die Einheit singe,
(Die jedoch aus Widersprüchen wird): so weih' ich doch der Nation,
Laß ich in ihr doch den Aufruhr. – (Oh heimliches Recht der Empörung! Oh unauslöschliches und unentbehrliches Feuer!)

Ich höre den Gesang Amerikas

Ich höre den Gesang Amerikas; höre seine mannigfachen Hymnen;
Die der Werkleute; jeder singt die seinen, je nachdem, heiter oder ernst;
Der Zimmermann die seine, wenn er seine Bohle mißt oder seinen Balken;
Der Maurer die seine, wenn er sich an seine Arbeit begibt oder Feierabend macht;
Der Bootsmann singt, was mit ihm und seinem Boot zu tun hat; der Matrose singt auf seinem Dampfboot;
Der Schuhmacher auf seinem Schemel, der Hutmacher Sonnenuntergang.
Das Preislied des Sägemüllers, des Pflugknechtes auf seinem Stand;
Das wundersame Lied der Mutter oder des jungen Weibes bei seiner Arbeit, oder des Mädchens beim Nähen oder Waschen;
Ein jeder singt das, womit er zu tun hat, oder sie, und von nichts sonst;
Der Tag, was des Tages ist – und zur Nachtzeit die Kumpanei der jungen Burschen: fröhlich, herzhaft
Singt sie aus voller Kehle ihre kräftigen und melodischen Lieder.

Dichter der Zukunft

Dichter der Zukunft! Redner, Sänger, Musiker der Zukunft!
Nicht das Heute kann mich rechtfertigen noch Antwort geben auf die Frage nach meiner Bestimmung,
Wohl aber ihr, ein neues Geschlecht, eingeboren, athletisch, festländisch, größer als alle bisherigen.
Erhebt euch! Denn ihr müßt mich rechtfertigen!
Ich für mein Teil schreibe nur ein Wort oder zwei andeutungsweise für die Zukunft;
Nur für einen Augenblick tret' ich hervor, um dann gleich wieder in Dunkel zu tauchen.
Ich bin ein Mann, der dahinschlendert ohne völlig anzuhalten, der einen gelegentlichen Blick euch zuwirft und dann sein Gesicht wieder abwendet,
Der es euch überläßt, zu beweisen und zu deuten,
Und der die Hauptsache von euch erwartet.

Schließt eure Tore nicht

Schließt eure Tore nicht vor mir, ihr Bibliotheken;
Denn das, was auf euren wohlgefüllten Brettern fehlte und doch am dringendsten gebraucht wird, das bring' ich!
Aus Kampf und Streit tauch' ich empor und habe ein Buch verfaßt:
Nichts seine Worte, alles sein Geist.
Ein Buch für sich, nicht verwandt mit den andern und vom Intellekt nicht begriffen,
Aber ein ausgesprochen Geheimes wird euch von jeder Seite entgegenschauen.

Salut au monde

1.

Oh nimm meine Hand, Walt Whitman!
All das Gleiten solcher Wunder! All solche Gesichte und Töne!
All solche Verknüpfung unendlicher Glieder, ein jedes an das nächste gekettet;
Jedes allen andern entsprechend; jedes die Erde mit allen andern teilend!
Was dehnt sich in dir, Walt Whitman?
Was für Wogen und was für dampfendes Erdreich?
Was für Klimate? Was sind das hier für Menschen und Städte?
Wer sind diese Kinder? Einige beim Spiel, andre im Schlummer?
Wer sind diese Mädchen? Wer sind diese Eheweiber?
Wer sind diese Gruppen von Greisen, die langsam einherschreiten, die Arme einander auf den Nacken gelegt?
Was für Flüsse sind das? Was sind das für Wälder und Früchte?
Wie heißen die Berge, die so hoch in den Nebel hineinsteigen?
Was für Myriaden von Wohnungen sind dies, die von Bewohnern wimmeln?

2.

In mir weitet sich Weite, dehnt sich Länge.
Asien, Afrika, Europa liegen im Osten – für Amerika vorgesehen ist der Westen;
Den Bauch der Erde umgürtend windet sich der heiße Äquator;
Sorgsam im Norden und Süden dehnen sich die Enden der Achse.
In mir ist der längste Tag – in schrägen Ringen kreist die Sonne, monatelang geht sie nicht unter.

Zu ihrer Stunde steigt in mir die Mitternachtssonne empor; sie hebt sich kaum über den Horizont und sogleich senkt sie sich wieder.
In mir sind Zonen, Meere, Katarakte, Forste, Vulkane, Gruppen,
Die Sunda-Gruppe, Polynesien und die großen Inseln von West-Indien.

3.

Was hörst du, Walt Whitman?
Ich höre den Handwerker singen und höre das Farmerweib singen,
Aus der Ferne hör' ich in der Morgenfrühe die Laute der Kinder und der Tiere;
Ich höre die wetteifernden Schreie der Australier, die wilden Pferden nachjagen;
Ich höre den spanischen Tanz mit Kastagnetten im Schatten der Kastanien, zu Geige und Gitarre.
Ich höre endloses Getöse von der Themse her;
Ich höre wilde französische Freiheitslieder;
Ich höre des italienischen Gondoliers melodisches Rezitativ alter Gedichte;
Ich höre die Heuschrecken in Syrien, wie die Schauer ihrer schrecklichen Wolken niederrauschen auf Getreide und Gras;
Ich höre den koptischen Kehrreim bei Sonnenuntergang schwermütig auf die Brust der dunklen, ehrwürdigen, mächtigen Mutter herabfallen, den Nil;
Ich höre das Zirpen des mexikanischen Maultiertreibers und die Glöckchen des Maultieres,
Ich höre den Ruf des arabischen Muezzin von der Zinne der Moschee herab,
Ich höre die christlichen Priester vor dem Altar ihrer Kirchen, ich höre den respondierenden Baß und Sopran;

Ich höre den Schrei des Kosaken und die Stimme des Matrosen, wenn er bei Otosk in See sticht;
Ich höre das Keuchen des Sklavenzuges, wenn die Sklaven vorwärts marschieren, wenn die heiseren Scharen vorbeischreiten zu zwei und drei, mit Hand- und Fußschellen aneinander gebunden;
Den Hebräer höre ich seine Chronik und seine Psalmen lesen;
Ich höre die rhythmischen Mythen der Griechen und die kräftigen Legenden der Römer;
Ich höre die Erzählungen vom göttlichen Leben und blutigen Tod des holden Gottes, des Christ;
Ich höre den Hindu seine Lieblingsschüler die Sprüche der Liebe und der Kriege lehren, die von Dichtern, welche vor 3000 Jahren schrieben, treulich bis auf diesen Tag überliefert wurden.

4.

Was siehst du, Walt Whitman?
Wer sind die, die du grüßest, und die einer nach dem andern dich grüßen?
Ein großes rundes Wunder seh' ich sich durch den Raum wälzen;
Ich sehe kleine Güter, Dörfer, Ruinen, Friedhöfe, Gefängnisse, Fabriken, Paläste, Spelunken, Hütten der Wilden, Nomadenzelte auf der Oberfläche;
Ich sehe den beschatteten Teil auf der einen Seite, wo man schläft, und den von der Sonne beleuchteten auf der andern Seite;
Ich sehe den seltsamen raschen Wechsel von Licht und Schatten;
Ich sehe ferne Länder, ihren Bewohnern nicht sicherer und näher als mir mein Land.
Ich sehe gewaltige Wassermassen.

Ich sehe Bergspitzen, ich sehe die Sierren der Anden sich aneinander reihen;
Deutlich gewahre ich den Himalaja, den Tschian-Schan, den Altai und die Ghats;
Ich sehe die mächtigen Zinnen von Elbrus, Kasbek und Basardjusi;
Ich sehe die steirischen Alpen und die karnischen Alpen;
Ich sehe die Pyrenäen, den Balkan, die Karpathen und nach Norden die Dovrefjields und fern im Meer den Hekla;
Ich sehe den Vesuv und Ätna, das Mondgebirge und die roten Berge von Madagaskar;
Ich sehe die libyschen, arabischen und asiatischen Wüsten;
Ich sehe die ungeheuren, furchtbaren arktischen und antarktischen Eisberge;
Ich sehe die größeren Ozeane und die kleineren, den atlantischen und den stillen Ozean, das Meer von Mexiko, das brasilianische und das Meer von Peru;
Die Gewässer von Hindostan, das chinesische Meer und den Busen von Guinea;
Die japanischen Gewässer, die liebliche Bucht von Nagasaki, eingeschlossen in ihren Bergen;
Die Breiten des Baltischen, Kaspischen und Bottnischen Gestades und den Golf von Biskaja;
Das mittelländische Meer im klaren Sonnenschein, und eine seiner Inseln nach der andern;
Das Weiße Meer und das Meer von Grönland.
Ich erblicke die Seefahrer der Welt.
Einige ringen mit dem Sturm, andre treiben in der Nacht mit ausgestellter Wache;
Hilflos andre, andre wieder mit ansteckenden Krankheiten.
Ich erblicke die Segel und Dampfschiffe der Welt; einige in Geschwadern liegen im Hafen, andre sind auf der Fahrt;
Einige fahren um das Kap der Stürme, andre um das Kap Verde, andre um das Kap Guardafui, Bon oder Bajador;

Andre um das Dundra-Vorgebirge, andre passieren die Sundastraße, andre um Kap Lopatka, andre durch die Behringstraße;
Andre um Kap Horn; andre segeln im mexikanischen Busen oder bei Kuba oder Haiti; andre in der Hudson-Bai oder Baffins-Bai;
Andre passieren die Straße von Dover; andre fahren in den Wash ein, andre in den Solvey-Fjord, andre um Kap Klear, andre um Lands End;
Andre durchkreuzen die Zuidersee oder die Schelde;
Andre kommen und gehen bei Gibraltar oder in den Dardanellen;
Andre brechen entschlossen ihre Bahn durch das nördliche Packeis;
Andre fahren den Ob und die Lena hinauf und hinab;
Andre den Niger oder den Kongo; andre den Indus, den Brahmaputra und durch Kombodja;
Andre warten mit vollem Dampf fertig zum Aufbruch in die australischen Häfen;
Warten in Liverpool, Glasgow, Dublin, Marseille, Lissabon, Neapel, Hamburg, Bremen, Bordeaux, im Haag, in Kopenhagen;
Warten in Valparaiso, Rio Janeiro, Panama.

5.

Ich sehe die Geleise der Eisenbahnen der Erde.
Ich sehe sie in Großbritannien, sehe sie in Europa;
Sehe sie in Asien und Afrika.
Ich sehe die elektrischen Telegraphen der Erde.
Ich sehe die Fäden der Neuigkeiten von Kriegen, Todesfällen, Verlusten, Gewinn, Leidenschaften meines Geschlechtes.
Ich sehe die langen Flußstreifen der Erde.
Ich sehe den Amazonenstrom und Paraguay.

Ich sehe die vier großen Flüsse von China, den Amur, den Gelben Fluß, den Jangtsekiang und die Perle;
Ich sehe, wo die Seine fließt; wo die Donau, die Loire, die Rhône und wo der Guadalquivir fließt:
Ich sehe die Windungen der Wolga, des Dnjepr, der Oder;
Ich sehe den Toskaner den Arno hinabfahren und den Venezianer auf dem Po;
Ich sehe die griechischen Matrosen aus der ägäischen Bai heraussegeln.

6.

Ich sehe den Sitz des alten assyrischen Reiches und den des persischen und des indischen;
Ich sehe den Sturz des Ganges über den hohen Rand von Saukara.
Ich sehe den Ort, wo man sich die Gottheit dachte als durch Awatâra in menschlichen Formen verkörpert;
Ich sehe die Stätten der Priester, die auf der Erde einander folgten; Orakel, Opferer, Brahmanen, Sabianer, Lamas, Mönche, Mufti, Beschwörer;
Ich sehe, wo die Druiden in den Hainen von Mona wandelten, ich sehe Mistel und Eisenkraut;
Ich sehe den Tempel, wo die Leiber von Göttern starben, sehe die alten Symbole.
Ich sehe Christus das Brot seines letzten Abendmahles inmitten der Jünglinge und Greise essen;
Ich sehe, wo der starke göttliche Jüngling, der Herkules, treu und lange diente und dann starb;
Ich sehe die Stätte des unschuldigen und üppigen Lebens und jammervollen Todes des schönen Nachtsohnes, des blühenden Bacchus;
Ich sehe den blühenden Kneph, im blauen Gewand, mit dem Federkranz auf dem Haupte;

Ich sehe Hermes, den wohlgeliebten, unerkannt sterben – er spricht zu dem Volk: „Weinet nicht über mich;
Dies ist nicht mein wahres Vaterland; ich habe in der Verbannung fern von meinem wahren Vaterland gelebt, jetzt kehre ich dahin zurück;
Kehre zurück nach der himmlischen Sphäre, wo ein jeder in der Reihe geht.“

7.

Ich sehe die Schlachtfelder der Erde – Gras wächst drauf, Blumen und Korn;
Ich sehe die Pfade der alten und neuen Forschungsreisen.
Ich sehe namenloses Mauerwerk, feierliche Botschaften von dunklen Ereignissen, Helden, Chroniken der Erde.
Ich sehe die Stätten der Sagen.
Ich sehe Fichten und Kiefern von nördlichen Stürmen zerrissen;
Ich sehe Granitblöcke und Klippen, sehe grüne Wiesen und Seen;
Ich sehe die Grabhügel der skandinavischen Krieger;
Ich sehe sie am Rande des ruhelosen Ozeans hoch aufgeschüttet, damit die Geister der Toten, wenn sie ihrer Grabesruhe müde, durch den Wald steigen und auf die springenden Wogen blicken können und an den tobenden Stürmen, der Weite, der Freiheit, der Bewegung sich erquicken können.
Ich sehe die Steppen von Asien.
Ich sehe die Hügelwohnungen der Mongolen, sehe die Zelte der Kalmücken und der Baschkiren;
Ich sehe die Stämme der Nomaden und Rinderherden;
Ich sehe die von Schluchten durchschnittenen Inselländer, die Dschungeln und Einöden.
Sehe das Kamel, das wilde Pferd, die Trappe, das

Fettschwanzschaf, die Antilope und den Minirwolf.
Ich sehe die Hochländer von Abessinien.
Ich sehe die Ziegenherden weiden und sehe den Feigenbaum, die Tamarinde und Dattel;
Sehe die Felder von Taffweizen, grüne und goldige Gelände.
Ich sehe den brasilianischen Vaquero;
Sehe den Bolivier den Sorateberg ersteigen;
Sehe den Vacho die Ebenen durchkreuzen, sehe den unvergleichlichen Reiter mit dem Lasso um den Arm;
Sehe die Jagd über die Pampas nach dem wilden Getier seiner Häute wegen.

8.

Ich sehe die Schnee- und Eisregionen.
Ich sehe den scharfsichtigen Samojeden und den Finnen;
Sehe den Seehundjäger in seinem Boot, die Lanze in der Hand wägend;
Sehe den Sibirier in seinem leichten, von Hunden gezogenen Schlitten;
Sehe den Meerschweinjäger, die Walfischfänger im südlichen Stillen oder im nördlichen Atlantischen Ozean;
Sehe die Klippen, Gletscher, reißenden Gießbäche und Täler der Schweiz – empfinde die langen Winter und die Abgeschlossenheit.

9.

Ich sehe die Städte der Erde und mache mich ohne Unterschied zu einem Angehörigen von ihnen;
Ich bin ein echter Pariser;
Ich bin Einwohner von Wien, St. Petersburg, Berlin, Konstantinopel,
Ich bin aus Adelaide, Sidney, Melbourne,

Aus London, Manchester, Bristol, Edinburgh, Limerick,
Aus Madrid, Cadix, Barcelona, Oporto, Lyon, Brüssel, Bern,
Frankfurt, Stuttgart, Turin, Florenz;
Gehöre nach Moskau, Krakau, Warschau, oder nordwärts nach
Christiania oder Stockholm, oder in das sibirische Irkutsk, oder
wohin auf irgendeine Straße in Island,
Ich lasse mich herab auf alle diese Städte und steige wieder von
ihnen auf.

10.

Ich sehe die Dünste aufsteigen aus unerforschten Ländern,
Sehe die Symbole der Wilden, Bogen und Pfeil, den vergifteten
Splitter, den Fetisch und den Obi.
Ich sehe afrikanische und asiatische Städte,
Sehe Algier, Tripolis, Derna, Mogadore, Timbuktu, Monrowia;
Sehe das Menschengewühl von Peking, Kanton, Benares, Delhi,
Kalkutta, Tokio;
Sehe den Krumann in seiner Hütte, und den Dahomeyer und
den Aschanti in ihren Hütten;
Ich sehe den Türken in Haleb Opium rauchen;
Ich sehe die malerische Menge auf den großen Messen in
Khiwa und Herat;
Ich sehe Teheran, sehe Maskat und die Sandwüste dazwischen;
ich sehe die Karawanen sich mühsam vorwärts schleppen;
Ich sehe Ägypten und die Ägypter, die Pyramiden und
Obelisken;
Ich betrachte die eingemeißelten Historien, Chroniken von
siegreichen Königen und Dynastien, in Sandsteinplatten
eingegraben oder in Granitblöcke;
In Mumiengräbern von Memphis sehe ich einbalsamierte
Mumien, in leinene Bänder gewickelt, die viele Jahrhunderte
dort gelegen haben;
Ich betrachte den gefallenen Thebaner; die großen Augäpfel,

den auf die Seite geneigten Hals, die über die Brust gefalteten Hände.
Ich sehe alle Sklaven der Erde sich mühen;
Alle Gefangenen in den Gefängnissen;
Ich sehe alle gebresthaften menschlichen Leiber der Erde;
Die Blinden, die Taubstummen, Dummen, Idioten, Verwachsenen, Irrsinnigen;
Piraten, Diebe, Verräter, Mörder, Sklavenhalter der Erde;
Hilflosen Kinder, hilflosen alten Männer und Weiber.
Ich sehe Männliches und Weibliches überall.
Sehe die heitere Brüderschaft der Philosophen;
Den Formsinn meines Geschlechtes;
Die Ergebnisse der Beharrlichkeit und des Fleißes meines Geschlechtes,
Stände, Farben, Barbarei, Zivilisation; ich gehe unter sie, mische mich darunter ohne Unterschied;
Und ich grüße alle Bewohner der Erde.

11.

Du, wer immer du seist!
Du Tochter oder Sohn Englands!
Du, aus den mächtigen Sklavenstämmen und – Reichen! Du Russe in Rußland!
Du schwarzer Afrikaner mit göttlicher Seele, von dunkler Abstammung, groß, mit edel gestaltetem Kopf und Leib, bestimmt zu herrlichen Dingen, durchaus mir gleichwertig!
Du Norweger! Schwede! Däne! Isländer! Du Preuße!
Du Spanier aus Spanien! Du Portugiese!
Du Französin und du Franzose aus Frankreich!
Du Belgier! Du Freiheitsfreund aus den Niederlanden! (Stamm, aus dem ich selber kam!)
Du rüstiger Österreicher! Du Lombarde! Magyar! Tscheche! Bauer aus Steiermark!

Du Nachbar an der Donau!
Du Arbeiter am Rhein und an der Elbe oder an der Weser! Du Arbeiterin auch!
Du Sardinier! Du Bayer! Du Schwabe! Sachse, Wallache! Bulgare!
Du Römer! Neapolitaner! Du Grieche!
Du behender Matador in der Arena zu Sevilla!
Du Bergbewohner, der du gesetzlos auf dem Taurus oder Kaukasus lebst!
Du Roßhirt von Buchara, der du deine weidenden Stuten und Hengste bewachst!
Du schöngebauter Perser, der du aus dem Sattel in voller Karriere deine Pfeile ins Ziel schießest!
Du Chinese und Chinesin in China! Du Tartar aus der Tartarei!
Ihr Weiber auf der Erde, euren Arbeiten unterworfen!
Du Jude, der du im hohen Alter, durch jedes Fährnis hindurch, reisest, um ein einziges Mal auf syrischem Grund zu stehen!
Ihr andern Juden, die ihr in allen Ländern auf den Messias harret!
Du nachdenksamer Armenier, in Gedanken vertieft an irgendeinem Arm des Euphrat! Forschend in den Ruinen von Ninive! Der du den Ararat besteigst!
Ihr Pilger mit wunden Füßen, die ihr das ferne Funkeln der Minaretts von Mekka begrüßet!
Ihr Scheiks, die ihr die Strecke von Suez bis Bab-el-Mandeb entlang eure Familien und Stämme regiert!
Ihr Olivenbauern, die ihr eure Früchte auf den Feldern von Nazareth, Damaskus oder am See Tiberias pflegt!
Ihr Händler aus Tibet, die ihr im weiten Binnenlande reiset, oder in den Läden von Lhassa feilschet!
Du Japaner und du Japanerin! Du, der du in Madagaskar, auf Ceylon, Sumatra oder in Borneo lebst!
All ihr Festlandbewohner von Asien, Afrika, Europa, Australien, gleich an welchem Ort!

All ihr Bewohner der zahllosen Inseln der Meer-Archipele!
Und ihr, die ihr in künftigen Jahrhunderten mir lauschet!
Und ihr, alle und jeder überall, die ich nicht bezeichne, doch einbegreife wie alle andern!
Heil euch! Wohlwollen euch allen, von mir und Amerika gesandt!
Ein jeder von uns unvermeidlich!
Ein jeder von uns unermeßlich! Ein jeder von uns, sei's Mann, sei's Weib, mit seinem Recht auf der Erde!
Ein jeder von uns mit seinem Teil an dem ewigen Zweck der Erde!
Ein jeder von uns hier ebenso göttlich wie irgendeiner!

12.

Du Hottentot mit schnalzendem Gaumen! Ihr wollhaarigen Horden!
Ihr Leibeigenen, die ihr von Schweiß oder Blut trieft!
Ihr menschlichen Gestalten mit unergründlichem, immer eindrucksvollem Tierantlitz!
Ihr elenden Tiermenschen, verachtet selbst von den niedrigsten der anderen, trotz all eurer glimmenden Sprache und Seele!
Du zwerghafter Kamtschatka, Grönländer, Lappe!
Du Australneger, der du nackt, roh, schmutzig, mit vorragender Lippe, schleichend deine Nahrung suchst!
Du Kaffer, Berber, Sudanese!
Du hagerer, ungeschlachter, unwissender Beduine!
Du seuchenbehaftetes Gewimmel in Madras, Nanking, Kabul, Kairo!
Du umnachteter Nomade von Amazonien! Du Patagonier! Du Fidschi-Insulaner!
Ich ziehe keinen dem andern vor.
Ich sage kein Wort gegen euch dort hinten, wo ihr steht.

(Ihr werdet zur richtigen Zeit vorwärts und an meine Seite kommen.)

13.

Mitleidsvoll und entschlossen ist mein Geist rings um die ganze Erde gereist.
Ich habe nach meinesgleichen und nach Liebenden gesucht und habe sie für mich in allen Ländern bereit gefunden;
Ich glaube, irgendein göttlicher Einfluß hat mich ihnen gleichgestellt.
Ihr Nebel! Ich glaube, ich bin mit euch aufgestiegen, habe mich mit euch zu fernen Festländern hinbewegt und dort mit euch mich niedergelassen, mit Absicht;
Ich habe meinen Stand genommen auf dem Fuße der Halbinsel und auf dem hohen festgegründeten Felsen, um von dort aus zu rufen:
Salut au monde!
In welche Städte auch Licht und Wärme eindringen mögen, in die Städte dringe ich selbst ein;
Nach allen Inseln, wohin Vögel fliegen, dorthin fliege ich selber.
Zu euch allen in Amerikas Namen.
Senkrecht heb' ich die Hand empor, gebe das Signal,
Um hinter mir ewig in Sicht zu bleiben,
Für alle Orte und Wohnungen der Menschen.

Hervor aus der Masse des rollenden Ozeans

Hervor aus der Masse des rollenden Ozeans gelangte heimlich zu mir ein Tropfen
Und flüsterte: „Ich liebe dich, bevor ich für lange sterbe.
Einen langen Weg hab' ich zurückgelegt, einzig um dich

anzublicken und dich zu berühren;
Denn ich konnte nicht sterben, bevor ich dich nicht ein einziges Mal gesehen;
Denn ich fürchtete, ich könnte dich nachher verlieren."
Nun, wir sind uns begegnet, wir haben uns gesehen, wir sind wohlbehalten;
Kehre in Frieden zum Ozean zurück, mein Geliebtes!
Auch ich bin ein Teil dieses Ozean, mein Geliebtes; wir sind nicht so sehr voneinander getrennt.
Sieh sein erhabenes Rund, den Allzusammenhang, wie vollkommen!
Aber wie für mich, ist für dich, und unwiderstehlich, die See bestimmt uns voneinander zu scheiden;
Wie sie für eine Stunde uns als Verschiedene trägt, kann sie uns doch nicht für immer als Verschiedene tragen.
Habe Geduld – eine kleine Spanne – ich weiß nun von dir, und so grüße ich Luft, Ozean und Land,
Jeden Tag bei Sonnenuntergang für deine teure Sache, mein Geliebtes!

Ein Sang der Freuden

Oh, das höchste Jubellied anzustimmen!
Strotzend von Melodien! – Strotzend von Mannheit, Weibhaftigkeit, Kindlichkeit!
Strotzend von gemeinsamen Dingen! Von Bäumen und Korn!
Oh die Stimmen der Tiere! Oh die Hurtigkeit und das Gleichgewicht der Fische!
Oh das Fallen der Regentropfen! Alles in einem Lied!
Oh Sonnenschein! Fluten und Wogen! Alles, alles in einem Lied!
Oh die Wonne meiner Seele – schrankenlos wie der Blitz schießt sie dahin!

Der Besitz dieses Erdballs oder einer begrenzten Zeit genügt nicht,
Tausend Erdbälle sollen mein sein und alle Zeit!
Oh die Lust für einen Ingenieur, mit der Lokomotive zu fahren!
Das Zischen des Dampfes zu hören, das fröhliche Schrillen der Dampfpfeife; das Lachen der Lokomotive.
Auf glatter Bahn hurtig loszustürmen in die Ferne!
Oh das wundersame Schlendern durch Felder und über Hügelhänge!
Die Blätter und Blüten der gewöhnlichsten Kräuter, die feuchte, frische Stille der Wälder,
Der köstliche Duft des Erdbodens bei Tagesanbruch und den ganzen Vormittag hindurch!
Oh die Freuden des Reiters und der Reiterin!
Der Sattel, der Galopp, der Druck auf den Sitz, das frische Sausen der Luft um die Ohren, durch das Haar!
Oh des Feuerwehrmannes Freuden!
Ich höre den Alarm in der totstillen Nacht.
Glocken! Rufe! Ich dringe durch die Menge. Ich renne.
Der Anblick der Flammen macht mich rasend vor Vergnügen!
Oh die Freude des muskelstarken Fechters; hochaufgereckt steht er in tadelloser Verfassung in der Arena, seiner Kräfte sich bewußt, darauf brennend, seinem Gegner zu begegnen.
Oh die Wonne der mächtigen, elementarischen Sympathie, die allein die menschliche Seele fähig ist zu erzeugen und aus sich hervorfluten zu lassen in steten, unaufhörlichen Strömen.
Oh die Freuden der Mutter!
Die Abwartung, die Geduld, die köstliche Liebe, die Pein, die geduldige Hingabe des Lebens.
Oh die Freuden des zunehmenden Wachstums und der Erneuerung,
Die Freude des Tröstens und Beruhigens, die Freude der Übereinstimmung und des Einklangs.
Oh, mich zurück zu begeben an die Stätte meiner Geburt!

Noch einmal die Vögel singen zu hören;
Noch einmal um das Haus, um die Scheunen, und noch einmal durch die Felder zu schweifen;
Durch den Obstgarten und die lieben alten Wege entlang!
Oh, auferzogen zu sein an Meerbuchten, Lagunen, Schluchten oder am Küstenrand;
Dort beständigen Aufenthalt zu haben, das ganze Leben dort zu verbringen;
Der feuchte Salzgeruch, das Gestade, der Tang, der zur Zeit der Ebbe bloßgelegt wird;
Die Arbeit der Fischer, der Aal- und Muschelfischer;
Ich komme mit Muschelharke und Spaten; komme mit meinem Aalstecher;
Ist schon Ebbezeit? Ich begebe mich mit den andern Muschelgräbern auf die Sandbänke;
Ich lache und arbeite mit ihnen und bin unter meiner Arbeit lustig wie ein übermütiger junger Mann.
Im Winter nehm' ich meinen Aalkorb und -speer und marschiere auf das Eis hinaus – ich habe eine kleine Axt, um Löcher in das Eis zu hauen;
Sieh mich, warm angezogen, guter Dinge hinauswandern und am Nachmittag unter Begleitung einer Rotte strammer Jungen wieder zurückkommen;
Meine Rotte erwachsener oder halbwüchsiger Jungen, die bei niemand so gern sein mögen wie bei mir,
Die am Tage mit mir arbeiten und bei Nacht gemeinsam mit mir schlafen.
Zu andrer Zeit wieder bei warmem Wetter hinaus, im Boot, um die Hummerkörbe zu holen, wo sie mit schweren Steinen belastet versenkt sind (ich kenne alle Bojen);
Oh die Morgenfrische des fünften Monats auf dem Wasser, wenn ich kurz vor Sonnenaufgang nach den Bojen hinausrudere!
Schräg zieh ich die Körbe herauf, verzweifelt wehren sich die

dunkelgrünen Hummer, wenn ich sie heraufhole, Holzkeile schieb' ich in die Gelenke ihrer Kneifzangen;
Ich rudere nach allen Stellen hin, einer nach der andern und kehre dann zum Ufer zurück;
Dort in einem großen Kessel mit kochendem Wasser sollen die Hummern kochen, bis sie scharlachrot werden.
Ein andermal bin ich beim Makrelenfang.
Gefräßig, wild schnappen sie nach dem Haken, dicht unter der Oberfläche; meilenweit scheinen sie das Wasser zu füllen;
Ein andermal beim Klippenfischfang in der Chesapeake-Bai, und ich einer von der sonnengebräunten Schar;
Ein andermal beim Blaufischfang mit Schleppnetzen vor Paumanok; ich stehe mit straffem Leib;
Mein linker Fuß auf dem Außenbord, mein rechter Arm wirft die aufgerollten dünnen Stricke weit hinaus;
Rings um mich herum das hurtige Halsen und Wenden von fünfzig Schaluppen, meinen Begleitern.
Oh das Bootfahren auf den Flüssen!
Die Fahrt den St. Lorenzstrom hinab; die herrliche Szenerie, die Dampfer;
Die Segelschiffe, die tausend Inseln, ab und zu Holzflöße, und die Floßlenker mit ihren langen Schwungrudern;
Die kleinen Hütten auf den Flößen; die Rauchstreifen, wenn das Abendessen gekocht wird.
(Oh auch etwas Verderbliches und Furchtbares!
Etwas weitab vom kleinen und frommen Leben!
Etwas Unerprobtes! Etwas in der Verzückung!
Etwas vom Anker Losgerissenes und Freitreibendes!)
Oh, in Minen zu arbeiten oder das Eisen zu schmieden.
Eisen zu gießen; die Gießerei selbst; das grobe hohe Dach; der weite schattige Raum;
Der Hochofen; die heiße Flüssigkeit, wie sie ausgegossen dahinläuft.
Oh, noch einmal die Freuden des Soldaten durchleben!

Das Gefühl der Gegenwart eines tapferen Kommandanten und seiner Sympathie.
Seine kaltblütige Ruhe zu gewahren – sich erwärmt zu fühlen von dem Strahl seines Lächelns.
In die Schlacht zu rücken – das Spiel der Hörner zu hören und das Rasseln der Trommeln!
Das Krachen der Artillerie zu hören! – das Glitzern der Bajonette und der Gewehrläufe in der Sonne!
Männer fallen und sterben zu sehen ohne Klage!
Den wilden Blutgeschmack zu schmecken – so teuflisch sein zu können!
So über den Tod und die Wunden der Feinde zu triumphieren!
Oh die Freuden des Walfischfängers! – Oh, ich kreuze noch einmal meine alte Kreuzerfahrt!
Unter mir fühl' ich das Schaukeln des Schiffes; fühle das Fächeln der atlantischen Brise.
Noch einmal hör' ich den Ruf vom Mastkorb herab: „Da – blasen sie!"
Noch einmal springe ich mit den andern das Takelwerk hinauf, um Auslug zu halten – und wieder hinunter, toll vor Aufregung.
Ich springe in das niedergelassene Boot; wir rudern auf unsere stilliegende Beute zu;
Vorsichtig, still pirschen wir uns an sie heran; ich gewahre die bergähnliche Masse, die schläfrig sich sonnt;
Ich sehe, wie der Harpunier aufrecht steht – sehe, wie die Waffe seinem kräftigen Arm entsaust;
Oh eilig weit hinaus der verwundete Wal in den Ozean; er taucht unter, flieht windwärts, schleppt mich hinter sich her;
Und dann seh' ich ihn auftauchen, um Luft zu holen; wir rudern näher heran;
Ich sehe, wie eine Lanze ihm in die Seite getrieben, tief eingebohrt und in der Wunde herumgedreht wird;
Wir wieder rückwärts von ihm ab; ich sehe ihn nochmals

untertauchen; schnell schwindet ihm das Leben;
Wie er auftaucht, stößt er Blut aus; mit engeren und immer engeren Kreisen seh' ich ihn rund herum schwimmen und das Wasser scharf durchschneiden – ich sehe ihn sterben;
Er macht einen krampfhaften Sprung im Zentrum des Kreises und fällt dann flach auf die Seite, regungslos im blutigen Schaum.
Oh mein Greisenalter! Die edelste aller meiner Freuden!
Meine Kinder und Enkel, mein weißes Haar und mein weißer Bart;
Meine Reife, meine Ruhe und Würde, der Abschluß meiner langen Lebensstrecke!
Oh Freude gereifter Weiblichkeit! Oh Endglück!
Ich bin über 80 Jahre alt; ich bin die ehrwürdigste Mutter.
Wie klar ist mein Geist. – Wie alle sich zu mir hingezogen fühlen!
Was für Anziehungskräfte sind denn das, die stärker sind als alle früheren? Was doch für ein Blühen, mehr als das Blühen der Jugend?
Was für eine Schönheit senkt sich auf mich herab und steigt aus mir empor?
Oh die Freuden des Redners!
Die Brust zu dehnen; aus Hals und Brustkasten den vollen Donner der Stimme hervorrollen zu lassen!
Die Menge mit mir rasen, weinen, hassen, begehren zu machen!
Amerika zu leiten! – Amerika mit gewaltiger Zunge zu bezwingen!
Oh die Freude meiner Seele, die mit sich selbst im Gleichgewicht ruht; das wahre Sein aus der Materie hervorholt und es liebt; Charakter wahrnimmt und in sich aufnimmt!
Meine Seele, die zu mir zurückgestrahlt wird aus allem, aus Gesicht, Gehör, Gefühl, Verstand, Lautbildung, Gedächtnis und

dergleichen!
Das wirkliche Leben meiner Sinne und meines Fleisches, das über mein Fleisch und meine Sinne hinausgeht;
Mein materieller Leib und meine leiblichen Augen;
Jetzt steht es mir über jeden Zweifel fest, daß es nicht meine leiblichen Augen sind, die in letzter Hinsicht sehen,
Noch mein materieller Leib, der in letzter Hinsicht liebt, geht, lacht, ruft, umarmt und zeugt.
Oh des Farmers Freuden!
Des Mannes von Ohio, Illinois, Wisconsin, Kanada, Jowa, Kansas, Missouri, Oregon!
Bei Tagesanbruch sich zu erheben und sogleich zur Arbeit zu eilen!
Im Herbst das Land für die Wintersaat zu pflügen;
Obstgärten zu pflegen, Bäume zu pfropfen und im Herbst die Äpfel zu ernten.
Oh, im Schwimmbad zu baden oder an einer schönen Stelle am Ufer;
Im Wasser zu platschen! Bis über die Knöchel drin zu waten!
Oder nackt am Gestade entlang zu rennen!
Oh die Raumvorstellung!
Die Vorstellung vom Überfluß aller Dinge, und daß es keine Grenzen gibt!
Aufzutauchen und eins zu sein mit Firmament, Sonne, Mond und eilenden Wolken!
Oh die Wonne des männlichen Selbstbewußtseins!
Niemandem Untertan zu sein! Niemandem, weder einem bekannten noch unbekannten Tyrannen, willfährig zu sein!
In aufrechter Haltung einherzuschreiten, mit leichtem, elastischem Schritt!
Mit voller sonorer Stimme aus breiter Brust zu sprechen,
Und die eigene Persönlichkeit allen andern Persönlichkeiten der Erde entgegenzustellen.
Kennst du die herrlichen Freuden der Jugend?

Freuden an lieben Gefährten, Scherzwort und lachenden Gesichtern?
Freude am frohen, lichtstrahlenden Tag? Freude am hochatmenden Kampfspiel?
Freude an holder Musik? Freude am hellstrahlenden Ballsaal und an Tänzern?
Freude an reichlicher Mahlzeit, kräftigem Trinkgelage und am Trinken?
Doch, oh meine erhabene Seele!
Kennst du die Wonnen des stillen Denkens?
Die Wonnen des freien, einsamen Herzens; des zärtlichen, trauernden Herzens?
Die Wonnen des einsamen Ganges mit niedergedrücktem und doch stolzem Gemüt, das Leiden und Mitsichringen?
Die geistigen Wehen, die Ekstasen, die Wonnen feierlicher Selbstvertiefung bei Tag und bei Nacht?
Die Wonnen des Todgedankens; an die großen Sphären: Zeit und Raum?
Die ahnungsvollen Wonnen besserer, höherer Liebesideale; am göttlichen Weibe, dem süßen, ewigen, vollkommenen Gefährten?
Dies alles sind deine eigenen unsterblichen, die deiner würdigen Freuden, oh Seele!
Oh, Zeit seines Lebens ein Herrscher und nicht ein Sklave des Lebens zu sein!
Dem Leben zu begegnen als ein Eroberer!
Keine Dünste, keine Langeweile, keine Klagen mehr noch höhnische Kritiken;
Nur diese stolzen Gesetze von Luft, Wasser und Erde, die mir beweisen, daß meine innerste Seele unerschütterlich ist!
Und daß nichts außer mir jemals über mich Gewalt bekommen soll!
Doch nicht einzig die Freuden des Lebens seien besungen – ich denke auch wieder an die des Todes:

Die schöne Berührung des Todes, die besänftigt und betäubt für einen Augenblick, wie's in der Natur liegt;
Ich lege meinen unreinen Leib ab, damit er verbrannt, zu Asche gemacht und beerdigt werde;
Mein wirklicher Leib aber bleibt mir sonder Zweifel für andre Sphären;
Mein verlassener Leib ist mir nichts mehr; er kehrt zurück zur Reinigung, zu weiterer Verwertung und zu ewiger Nützung der Erde.
Oh, anzuziehen mit mehr als gewöhnlicher Anziehungskraft!
Wie das ist, weiß ich nicht – doch sieh! etwas, das keinem andern sonst gehorcht,
Das immer angreift, nie sich zu verteidigen hat – wie magnetisch doch zieht es an!
Oh, gegen eine große Übermacht zu kämpfen; Feinden unerschrocken zu begegnen!
Ganz allein ihnen gegenüberzustehen; zu erproben, was einer allein imstande ist!
Streit, Pein, Gefängnis, öffentlicher Ächtung fest ins Gesicht zu blicken!
Das Schafott zu besteigen oder mit vollkommenem Gleichmut den Mündungen der Kanonen entgegenzugehen!
In Wahrheit ein Gott zu sein!
Auf einem Schiff zu segeln auf See!
Das langweilige, ewige Festland zu verlassen!
Zu verlassen die ermüdende Gleichmäßigkeit der Straßen, Bürgersteige und Häuser;
Dich, du unbewegliches festes Land zu verlassen und ein Schiff zu besteigen,
Und segeln, segeln, segeln!
Oh, das Leben hinfort zu besitzen wie ein Gedicht immer neuer Freuden!
Tanzen, händeklatschen, jauchzen, hüpfen, springen, weiter rollen, weiter schwimmen!

Ein Seefahrer der Welt zu sein, nach allen Häfen bestimmt!
Selber ein Schiff (sieh, wie ich wirklich meine Segel der Sonne und der Luft entgegenschwelle!)
Ein hurtiges, schaukelndes Schiff voll reicher Worte und Freuden!

Gesang von mir selbst

1.

Ich feiere mich selbst und singe mich selbst,
Und was ich mir herausnehme, sollst auch du dir herausnehmen,
Denn jedes Atom, das mir gehört, gehört ebensogut auch dir.
Ich feiere und lade meine Seele zu Gast;
Liege auf dem Erdboden, behaglich halte ich Rast und betrachte einen Halm vom Sommergras.
Meine Zunge, jedes Atom meines Blutes ist aus diesem Boden gebildet und aus dieser Luft;
Ich bin geboren von Eltern, die hier von ähnlichen Eltern geboren sind, und auch diese von ähnlichen Eltern;
Und so beginne ich im Alter von 37 Jahren, in vollkommener Gesundheit,
Und hoffe bis zu meinem Tode nicht aufzuhören.
Glaubensbekenntnisse und Schulen stehen im Hintergrund
Und weichen für eine Weile zurück, nach ihrem Wert geschätzt, wenn auch nimmer vergessen;
Ich nehme auf, mags zum guten oder bösen ausschlagen, lasse auf jegliche Gefahr hin reden
Natur ohne Rückhalt mit ursprünglicher Kraft.

2.

Häuser und Räume sind erfüllt von Wohlgerüchen, die Büchergestelle sind voller Düfte;
Auch ich atme diesen süßen Wohlgeruch, kenne ihn und mag ihn gern;
Auch mich könnte diese Essenz berauschen, aber ich lasse es nicht zu.
Die Atmosphäre aber ist kein Parfüm, sie hat keinen Schmack von Essenz; sie ist geruchlos,
Doch für meinen Mund für immer ist sie ich bin in sie verliebt.
Zum Hügelhang am Wald will ich gehn, ohne Kleidung will ich sein, nackt;
Rasend bin ich danach, mit ihr in Berührung zu kommen.
Der Rauch meines eigenen Atems;
Echos, Geriesel, summendes Geflüster, Liebeswurzel, Seidenfaden, Gabelstock und Rebe,
Mein Ein- und Ausatmen, der Schlag meines Herzens, Blut und Luft, die durch meine Lungen strömen,
Der leise Geruch grüner und dürrer Blätter vom Meergestade und dunklen Seeklippen her und vom Heu in seiner Scheuer;
Der Schall der Worte, die meine Stimme ausstößt, den Windwellen hingegeben;
Einige leise Küsse, leise Umarmungen, ein Ausstrecken der Arme,
Das Spiel von Sonnenlicht und Schatten an den Bäumen, wo die schwanken Äste schaukeln,
Das Entzücken an der Einsamkeit oder an dem Brausen der Straßen, oder an Feldern und Hügelhängen hinzugehn,
Das Gefühl der Gesundheit, der trillernde Mittag und mein Gesang, wenn ich mich vom Lager erhebe und der Sonne begegne.
Hast du tausend Äcker für viel gehalten? Hast du die Erde für viel gehalten?

Hast du dir so lange Mühe gegeben, um lesen zu lernen?
Bist du so stolz darauf gewesen, den Sinn der Gedichte zu verstehen?
So bleibe diesen Tag und diese Nacht bei mir, und du sollst den Ursprung aller Gedichte erfassen,
Du sollst das Gut der Erde und der Sonne besitzen (Millionen von Sonnen bleiben noch übrig),
Du sollst Dinge fürder nicht aus zweiter oder dritter Hand nehmen, noch sollst du durch die Augen der Toten blicken, noch dich nähren von den Schemen in den Büchern,
Auch nicht durch meine Augen sollst du blicken, noch die Dinge aus meiner Hand nehmen;
Nach allen Seiten sollst du lauschen und sie durch dich selbst klären.

3.

Ich hörte, was die Redner redeten, die Rede vom Anfang und vom Ende,
Ich aber rede nicht vom Anfang und vom Ende.
Nie gab es mehr Anfang als jetzt,
Nie mehr Jugend oder Alter als jetzt,
Und nie je wird es mehr Vollkommenheit geben als jetzt,
Oder mehr Himmel oder Hölle als jetzt.
Trieb, Trieb und Trieb,
Immer der zeugende Trieb der Welt.
Immer treten aus dem Dunkel Gleiche einander entgegen, immer Stoff und Wachstum, immer Geschlecht,
Immer eine Verknüpfung der Identität, immer Unterscheidung, immer ein zeugendes Leben.
Weiteres Mühen nützt nichts; Gelehrte und Ungelehrte fühlen, daß es so ist.
Sicher, wie die sicherste Gewißheit, lotrecht in den Säulen, wohlgefügt, fest in den Balken,

Stämmig wie ein Roß, zärtlich, stolz, elektrisch,
Ich und dies Mysterium – hier stehen wir.
Klar und rein ist meine Seele, und klar und rein ist alles, was nicht meine Seele ist.
Fehlt eins, so fehlt beides; und das Unsichtbare wird durch das Sichtbare bewiesen,
Bis auch dieses unsichtbar wird und seinerseits Beweis empfängt,
Auf das Beste hinzuweisen und es vom Schlechten zu scheiden, plagt sich Zeitalter um Zeitalter,
Ich aber kenne die vollkommene Schicklichkeit und Gelassenheit der Dinge, schweige, während man diskutiert, gehe baden und bewundere mich selbst.
Willkommen ist mir jedes Organ und jede Eigenschaft und die eines jeden fröhlichen und reinen Mannes,
Nicht ein Zoll noch ein Teilchen eines Zolles ist gemein, keines soll weniger gekannt sein als die anderen.
Ich bin zufrieden – Ich schaue, tanze, lache, singe;
Wie die umarmende und liebevolle Lagergenossin die Nacht hindurch an meiner Seite schläft und bei Tagesanbruch verstohlenen Blickes sich entfernt,
Indem sie mir Körbe mit weißen Tüchern bedeckt zurückläßt und das Haus mit ihrer Fülle bereichert;
Soll ich Annahme und Genuß verachten und sollen meine Blicke sich entrüsten,
Daß sie sich vom Schauen hinaus auf die Straße zurückwenden?
Und soll ich sogleich nachrechnen und mir einen Cent vorzeigen,
Genau den Wert von einem und genau den Wert von zweien, und welcher mehr gilt?

4.

Beinsteller und Fragen umgeben mich,
Volk, dem ich begegne, die Nachwirkung von meinem früheren Leben her, oder von dem Bezirk und der Stadt, wo ich wohne, oder von der Nation,
Die neuesten Zeiten, Entdeckungen, Erfindungen, Gemeinschaften, Autoren, alte wie neue,
Mein Essen, Kleidung, Genossen, Aussehen, Komplimente, Pflichten,
Die wirkliche oder eingebildete Gleichgültigkeit eines Mannes oder eines Weibes, die ich liebe,
Die Erkrankung eines meiner Verwandten oder meiner selbst;
Fehlschläge, oder Verlust oder Mangel an Geld,
Niedergeschlagenheit oder Überschwang,
Schlachten, die Greuel des Bruderkrieges, die Aufregung über zweifelhafte Nachrichten, wechselnde Zufälle,
Die alle kommen zu mir bei Tag und Nacht und verlassen mich wieder,
Doch mein wahres Ich sind sie nicht.
Abseits von Zerren und Zausen steht, was ich bin;
Steht vergnügt, gefällig, teilnehmend, müßig, einig,
Schaut hinab, richtet sich wieder auf, oder stützt einen Arm an einem unsichtbaren, sicheren Halt,
Und schaut mit zur Seite gewandtem Haupt, was da kommen will,
So zwischen wie außer der Hatz, betrachtet sie und hat sein Verwundern.
Hinter mir liegen die Tage, in denen ich mich durch Nebel hindurchschwitzte, mit Linguisten und Disputaxen.
Ich habe weder Spöttereien und Beweise, ich bin Zeuge und warte.

5.

Ich glaube an dich, meine Seele! Das was ich sonst bin, darf sich vor dir nicht erniedrigen,
Noch darfst du vor ihm erniedrigt sein.
Strecke dich mit mir ins Gras und löse den Verschluß deiner Kehle;
Nicht Worte noch Musik oder Reim brauch' ich, keine Konvention und keinen Vortrag, selbst den besten nicht,
Bloß das Lullen mag ich, das Summen deiner Stimmbänder.
Ich gedenke, wie wir einst an solch einem hellen Sommermorgen im Freien lagen,
Wie du dein Haupt quer über meine Hüfte legtest und dich leise auf mir umkehrtest,
Und mir das Hemd beim Brustknochen öffnetest, und die Zunge in mein bloßgelegtes Herz hineintauchtest
Und langtest herauf, bis du meinen Bart fühltest, und hinab, bis du meine Füße hieltest.
Alsbald erhob sich und breitete sich um mich aus der Friede und das Wissen, das über alle Beweise der Erde geht,
Und ich weiß, daß Gottes Hand Versicherung für die meine ist,
Und ich weiß, daß der Geist Gottes der Bruder des meinen ist,
Und daß alle Männer, je geboren, auch meine Brüder sind, und die Weiber meine Schwestern und Geliebten,
Und daß eine Kielschwinne Schöpfung der Liebe ist,
Und unermeßlich Blätter straff oder welk auf den Gefilden,
Und braune Ameisen in den kleinen Gruben darunter,
Und moosiger Schorf auf dem gewundenen Zaun, aufgehäufte Steine, Hollunder, Königskerzen und Kermesbeeren.

6.

Ein Kind sagte: Was ist das Gras? und brachte es mir mit vollen Händen;
Wie konnte ich dem Kinde Antwort geben? Ich weiß es ebensowenig.
Ich meine, es müßte die Fahne meines Herzens sein, ganz aus einem hoffnungsgrünen Stoff gewoben.
Oder ich meine, es ist des lieben Gottes Taschentuch,
Eine duftige Gabe und ein Andenken, das mit Absicht fallen gelassen wurde,
Und das in irgendeinem Zipfel den Namen seines Eigners trägt, damit wir sehen, bemerken und sagen können: Wessen?
Oder ich meine, das Gras ist selbst ein Kind, ein von der Vegetation erzeugtes Kindlein.
Oder ich meine, es ist ein gleichförmiger Hieroglyph,
Und er bedeutet: ich sprieße so in weiten wie in engen Zonen;
Wachse bei schwarzen Völkern wie bei weißen,
Kanuk, Tuckahoe, Kongreßmitglied, Boxer: alles beschenke ich, alle empfange ich aufs gleiche.
Und jetzt scheint mir das schöne unverschnittene Haar von Gräbern zu sein.
Zärtlich will ich dich behandeln, gekräuseltes Gras;
Vielleicht dringst du aus den Brüsten junger Männer hervor,
Vielleicht, hätte ich sie gekannt, würde ich sie geliebt haben;
Vielleicht kommst du von alten Leuten oder von Säuglingen, die zu bald von dem Schoß ihrer Mütter genommen wurden;
Und nun bist du hier Mutterschoß.
Dies Gras ist sehr dunkel, wenn es von den weißen Häuptern alter Mütter kommt,
Dunkler auch als die farblosen Bärte alter Männer,
Dunkel, wenn es aus dem blaßroten Gaumen eines Mundes hervorsprießt.
Oh, endlich versteh' ich, daß es viele redende Zungen sind,

Und ich verstehe, daß sie nicht umsonst aus Gaumen hervorkommen!
Ich möchte, ich wäre imstande, diese Hinweise auf die toten jungen Männer und Frauen auszudeuten.
Und die Hinweise auf die alten Männer und Mütter und auf die Säuglinge, die zu früh von ihrem Schoß genommen wurden.
Was meinst du ist aus den jungen und alten Männern geworden?
Und was meinst du ist aus den Weibern und Kindern geworden?
Sie sind irgendwo am Leben und befinden sich wohl;
Der geringste Sproß zeigt, daß es in Wirklichkeit keinen Tod gibt.
Und wenn es dennoch einen gibt, so leitet er das Leben vorwärts, und lauert nicht am Ende, um ihm Einhalt zu tun,
Und würde in dem Augenblick aufhören, wo Leben erscheint.
Alles geht vorwärts und nach außen, nichts verfällt;
Und das Sterben ist etwas andres als je einer gedacht, und glückseliger.

7.

Hat jemand gemeint, es sei ein Glück, geboren zu werden?
Ich eile, ihm oder ihr zu zeigen, daß es ebenso ein Glück ist, zu sterben, und ich weiß das.
Ich gehe über den Tod hinaus mit den Sterbenden und über die Geburt mit dem eben gebadeten Säugling, und bin nicht zwischen meinem Hut und meinen Stiefeln beschlossen.
Ich gehe mannigfache Dinge durch: nicht zwei sind sich gleich und jedes einzige ist gut;
Erde gut und Gestirne gut, und alles was zu ihnen gehört, gut.
Ich bin nicht eine Erde und nicht ein Zubehör einer Erde,
Ich bin der Genosse und der Gefährte der Menschen, alle ebenso unsterblich und unermeßlich wie ich,

(Sie wissen nicht wie unsterblich, ich aber weiß es).
Jede Art besteht für sich und ist ihr Eigen; mir die meine: Mann und Weib.
Mir die, welche Knaben gewesen sind und Frauen lieben,
Mir der Mann, der stolz ist und fühlt, wie es schmerzt, geringgeschätzt zu werden.
Mir das Liebchen und die alte Jungfer; mir Mutter und die Mutter von Müttern;
Mir Lippen, die gelächelt haben, Augen, die Tränen vergossen haben,
Mir Kinder und Erzeuger von Kindern.
Fort mit den Hüllen! Vor mir seid ihr nicht schuldbehaftet, nicht alt und abgedankt;
Ich blicke durch feines Tuch und durch Gingham, ob ihr wollt oder nicht,
Bin zugegen: zaghaft, eroberungssüchtig, unermüdlich und nicht abzuschütteln.

8.

Das kleine Kind schläft in seiner Wiege;
Ich lüpfe das Flortuch und schaue lange, und behutsam scheuch' ich die Fliegen mit meiner Hand.
Der Knabe und das rotbäckige Mädchen wenden sich die Flanke des bebuschten Hügels hinauf,
Von seinem Gipfel aus nehme ich sie wahr.
Der Selbstmörder liegt auf dem blutbefleckten Boden der Schlafstube hingestreckt,
Ich nehme den Leichnam wahr mit seinen blutgetränkten Haaren, sehe, wo die Pistole hingefallen ist.
Das Geschwätz des Pflasters, die Radreifen der Wagen,
Geschlürf der Stiefelsohlen, Gespräch der Promenierenden;
Der schwere Omnibus, der Kutscher mit seiner Daumenfrage;
der Klang der Pferdehufe auf dem Granitboden;

Schneeschlitten, das Geklingel, Jauchzen und Scherze, Schneeballwürfe,
Die Hochrufe für die Lieblinge des Volkes, die Wut des erregten Pöbels,
Das Klappen der verhängten Sänfte, darin ein Kranker, der ins Hospital gebracht wird;
Das Zusammentreffen der Feinde, der plötzliche Fluch, Schläge und Sturz;
Die aufgeregte Menschenmenge, der Polizeimann mit seinen Abzeichen, der sich eilig einen Weg in die Mitte des Haufens bahnt;
Die empfindungslosen Steine, die so manch' ein Echo empfangen und zurückgeben;
Was für ein Stöhnen von Überfütterten oder Halbverhungerten, die von Sonnenstich oder von Ohnmächten betroffen hinfallen;
Welche Schreie von Weibern, die es unvermutet überkommen und die nach Hause eilen, um Kinder in die Welt zu setzen;
Welche lebendige und welche begrabene Sprache bebt hier unaufhörlich, welches Geheul, nur vom Anstand zurückgehalten?
Verhaftungen von Verbrechern, Beleidigungen, ehebrecherische Anträge, angenommen oder zurückgewiesen mit aufgeworfener Lippe;
Ich achte auf dies, auf seinen Anblick oder Widerhall – ich komme und gehe.

9.

Breit stehen die Tore der Dorfscheune offen und warten.
Das geerntete Heu belastet den langsam gezogenen Wagen.
Das klare Licht spielt über das Durcheinander von Braungrau und Grün,
Die Haufen sind aufgepackt, daß die Ladung sich überbiegt.

Ich bin zugegen, ich helfe; ich kam an, oben auf die Ladung hingestreckt.
Ich fühlte ihre sanften Stöße, ein Bein über das andere gelegt.
Ich springe vom Querbalken und fasse den Klee und das Thimoteusgras,
Und wälze mich kopfüber und verwirre mein Haar mit Hälmchen.

10.

Einsam jage ich in ferner Gebirgswildnis,
Wandere und staune über meine eigene Behendigkeit und Munterkeit.
Am späten Nachmittag suche ich mir eine sichere Stelle aus zum Übernachten,
Zünde ein Feuer und brate das frischerlegte Wild,
Und falle dann in Schlaf auf der Blätterstreu, meinen Hund und mein Gewehr zur Seite.
Das Yankee-Klipperschiff ist unter seinen Oberbramsegeln; es durchschneidet Gefunkel und Schaum,
Meinem Blick versinkt das Land, ich lehne über den Bug und jauchze fröhlich vom Verdeck herab.
Die Schiffer und Muschelgräber machten sich auf in der Frühe und warteten auf mich;
Ich steckte mir die Hosen in die Stiefel, ging mit ihnen und hatte einen vergnügten Tag;
Du hättest an diesem Tag bei uns sein sollen um den Fischkessel herum.
Ich sah die Hochzeit des Trappers unter freiem Himmel im fernen Westen, die Braut war eine Rote;
Ihr Vater und seine Freunde saßen in der Nähe mit untergeschlagenen Beinen und rauchten schweigend; sie hatten Mokassins an den Füßen und dicke weiße Wolldecken hingen von ihren Schultern herab;

Auf einem kleinen Bühel lag der Trapper hingestreckt; er war fast ganz in Pelz gekleidet; sein üppiger Bart und seine Locken schirmten seinen Hals; er hielt seine Braut bei der Hand;
Sie hatte lange Augenwimpern; barhäuptig war sie; ihr starkes und schlichtes Haar fiel auf ihre üppigen Glieder bis zu den Füßen hinab.
Der entlaufene Sklave kam an mein Haus und hielt draußen an.
Ich hörte seine Bewegungen an dem Krachen des Reisighaufens;
Durch die offene Tür gewahrte ich ihn, erschöpft und kraftlos;
Und ich ging zu ihm hin, wo er auf dem Holzklotz saß, führte ihn hinein und munterte ihn auf,
Brachte Wasser herbei und füllte eine Wanne für seinen schweißigen Leib und seine wunden Füße,
Gab ihm ein Gelaß, das sich nach dem meinen hin öffnete und gab ihm ein paar grobe saubere Kleidungsstücke;
Noch ganz deutlich erinnere ich mich an seine rollenden Augen und seine Unbeholfenheit;
Erinnere mich, wie ich Pflaster auf die Blasen an seinem Hals und seinen Fußknöcheln legte.
Eine Woche verweilte er bei mir, bis er wiederhergestellt war und nordwärts weiterzog.
Bei Tisch saß er neben mir – meine Flinte lehnte in der Ecke.

11.

Achtundzwanzig junge Männer baden am Gestade,
Achtundzwanzig junge Männer und alle so freundschaftlich.
Und achtundzwanzig Jahre weiblichen Lebens, alle so einsam.
Sie ist Eignerin des hübschen Hauses da, am Uferhang;
Schön und reich gekleidet lauert sie hinter den Fenstervorhängen.
Welcher von den jungen Männern gefällt ihr am besten?
Ach, ihrer der unansehnlichste ist für sie schön.

Wohin willst du, meine Dame? denn ich sehe dich.
Du plätscherst da im Wasser und stehst doch mäuschenstill in deinem Zimmer.
Tanzend und lachend lief die neunundzwanzigste Badende den Strand hinab;
Die andren sahen sie nicht; sie aber sah sie und war ihnen zugetan.
Die Bärte der jungen Männer glitzerten vor Naß, es rann von ihrem langen Haar herab,
Kleine Bächlein liefen über die Leiber.
Und auch eine unsichtbare Hand strich über ihre Leiber,
Bebend glitt sie an ihren Schläfen und Rippen herab.
Die jungen Männer schwimmen auf ihren Rücken; ihre weißen Leiber wölben sich in der Sonne; sie fragen nicht, wer sie da festhält;
Sie wissen nicht, wer da so keucht und sich in schwebend geneigten Bogen niederbeugt;
Sie ahnen nicht, wen sie mit Wasserstrahlen bespritzen.

12.

Der Fleischerjunge legt seine Arbeitskleider ab, oder wetzt sein Messer in seinem Stand am Markt;
Ich bummle in der Nähe herum, habe mein Vergnügen an seiner Schlagfertigkeit und an seinem Shuffle und Breakdown. Zwei komische Tänze.
Grobschmiede mit rußigen behaarten Brüsten stehen um den Amboß herum;
Jeder hält seinen Stahlhammer, alle sind sie in Bereitschaft; das Feuer macht eine mächtige Hitze,
Von der mit Asche bestaubten Schwelle aus verfolge ich ihre Bewegungen.
Von oben herab schwingen die Hämmer, langsam, sicher;
Sie hasten nicht, jeder schlägt auf seine Stelle.

13.

Der Neger hält die Zügel seines Viergespanns, der Klotz schwenkt unten an der aufgeknüpften Kette;
Der Neger, der den langen Lastwagen des Steinbruchs fährt; fest und hochgewachsen steht er, auf das Bein gestützt, auf dem Holm;
Sein blaues Hemd läßt den vollen Hals und die Brust frei und hängt über seinen Gürtel;
Sein Blick ist gelassen und gebieterisch; er schlägt die Hutkrempe aus dem Gesicht zurück,
Das Sonnenlicht fällt auf sein krauses Haar und auf seinen Schnurrbart, fällt auf das glänzende Schwarz seiner schönen Glieder.
Ich betrachte den malerischen Riesen und liebe ihn; doch ich halte mich dabei nicht auf,
Ich gehe auch mit dem Gespann.
Ich liebe das Leben, wo immer es sich regt, ob ich mich rückwärts oder vorwärts wende,
Nach Nischen hin, die abseits liegen und erst neu errichtet sind; niemand und nichts lasse ich aus;
Alles nehme ich auf für mich und mein Lied.
Ochsen, die ihr mit Joch und Kette rasselt oder unter schattigem Laubdach haltet: was verrät dieser Ausdruck da in euren Augen?
Es erscheint mir bedeutungsvoller als alles Gedruckte, das ich je im Leben las.
Mein Schritt scheucht den Waldenterich und seine Ente auf meinen weiten, tagelangen Streifzügen;
Zusammen stiegen sie auf, kreisen mit langsamem Flug.
Ich glaube an diese beiden beflügelten Zweckmäßigkeiten da,
Anerkenne Rot, Gelb, Weiß, die in mir spielen,
Halte Grün, Violett und die Federbuschkrone für absichtlich;
Und ich nenne weiter etwa die Schildkröte nicht unnütz, weil

sie nicht irgendetwas anderes ist.
Die Elster in den Wäldern hat die Tonleiter nicht gelernt, doch trillert sie hübsch genug für mich;
Und der Anblick der braunen Stute beschämt mich und treibt die Albernheiten aus mir aus.

14.

Der Waldenterich lenkt seinen Flug durch die kühle Nacht.
Ya-honk schreit er, und es klingt zu mir hernieder wie eine Einladung.
Die Neunmalklugen mögen es für bedeutungslos halten, ich aber, der ich aufmerksam hinlausche,
Finde, daß er da oben am winterlichen Himmel seinen Zweck und Platz hat.
Das spitzhufige Mustier des Nordens, die Katze auf der Hausschwelle, die Sumpfmeise, der Präriehund,
Die Jungen der grunzenden Sau, wenn sie an ihren Zitzen zerren,
Die Brut der Truthenne und sie selbst mit ihren halbausgebreiteten Flügeln,
In ihnen und in mir selbst erblicke ich das eine alte Gesetz.
Der Druck meines Fußes auf den Erdboden verursacht hundertfältige Wirkungen,
Sie spotten all meiner Mühe sie aufzuzählen.
Ich bin verliebt in das Leben im Freien.
In Männer, die zwischen dem Vieh leben, oder denen der Ruch von Meer und Wald anhaftet,
In Schiffsbauer und Steuerleute, in die, welche Äxte schwingen und Schlägel oder die Pferde treiben,
Woche für Woche kann ich mit ihnen essen und schlafen.
Was am gewöhnlichsten ist, am wohlfeilsten, nächsten, leichtesten, das bin ich;
Ich, der ich mein Glück versuche und meine Habe verschwende

gegen ungeheuren Umsatz,
Der ich mich schmücke, um mich dem ersten, besten hinzugeben, der mich annehmen will,
Und der ich vom Himmel nicht fordere, daß er um meinetwillen herunterkommt,
Sondern, der ich ihn ewig ausstreue mit freier Hand.

15.

Die klare Altstimme ertönt im Orgelchor;
Der Zimmermann richtet seine Planke, die Stimme des Hobels pfeift ihr wildaufsteigendes Gelispel;
Die verheirateten und unverheirateten Kinder fahren nach Hause zum Danksagungsmahl;
Der Lotse ergreift die Königs-Spake und kielholt mit kräftigem Arm;
Der Maat steht auf Anstand im Walfischboot, Lanze und Harpune sind in Bereitschaft;
Der Entenjäger geht mit leisen, vorsichtigen Schritten;
Die Geistlichen empfangen, die Hände gekreuzt, am Altar die Weihe;
Die Spinnerin schreitet zurück und nach vorn beim Summen des großen Rades;
Der Farmer hält beim Barrierenzaun an, wenn er Feiertags umherschweift, und schaut nach Hafer und Roggen;
Der Irrsinnige – ein unheilbarer Fall – wird endlich ins Asyl gebracht,
(Nimmermehr wird er schlafen wie vordem in der Wiege in seiner Mutter Schlafstube),
Der Buchdrucker mit grauem Kopf und hageren Kinnbacken arbeitet an seinem Schriftkasten,
Er dreht sein Priemchen um, während die Schrift ihm vor den Augen schwimmt.
Die verunstalteten Glieder werden auf den Operationstisch

gebunden,
Was abgenommen wird, fällt schrecklich in einen Eimer;
Der Quadrone wird auf dem Auktionspodium verkauft, der Säufer nickt beim Ofen in der Kneipe;
Der Maschinist streift sich die Hemdärmel auf; der Polizist macht seinen Rundgang; der Torwächter achtet auf die Passanten;
Der junge Mann lenkt den Paketwagen, (ich liebe ihn, wennschon ich ihn nicht kenne);
Der Mischling bindet sich die leichten Schuhe an, um sich in der Rennbahn zu messen;
Das Truthahnschießen im Westen lockt alt und jung herbei, diese stützen sich auf ihre Flinten, andre sitzen auf Holzklötzen.
Der Schütze tritt aus der Menge hervor, nimmt Stellung und legt an;
Die Gruppen der neuangekommenen Einwanderer bedecken Werft und Damm;
Die Wollköpfe hacken ein Zuckerfeld, und der Aufseher beobachtet sie vom Sattel aus;
Im Ballsaal tönt das Signalhorn, die Herren eilen zu ihren Damen, und die Tänzer verneigen sich voreinander;
Der Jüngling liegt wach auf dem Holzdachboden und horcht auf die Musik des Regens;
Der Vielfraßfänger setzt Fallen an dem Bach, der den Huron füllen hilft;
Die Indianerfrau, in ihren gelbgesäumten Mantel gehüllt, bietet Mokassins und Perlentaschen zum Kauf aus;
Der Kunstkenner streift durch die Ausstellungsgalerien mit gekniffenen Augen und biegt sich zur Seite;
Wenn die Deckarbeiter das Dampfboot festmachen, so wird das Brett für die aussteigenden Passagiere gelegt;
Die junge Schwester hält die Wolldecke, während die ältere Schwester sie in einen Knäuel zusammenwickelt und ab und zu

eines Knotens halber Halt macht;
Die Ehefrau von einem Jahr erholt sich wieder und ist selig, daß sie vor einer Woche ihr erstes Kind geboren hat;
Das sauberhaarige Yankeemädchen arbeitet an seiner Nähmaschine oder in der Fabrik oder in der Mühle;
Der Pflasterarbeiter lehnt auf seiner zweihenkligen Ramme; der Bleistift des Reporters fliegt eifrig über das Notizbuch hin; der Schildmaler malt Buchstaben in Blau und Gold;
Der Kanalknecht trabt auf dem Seilpfad; der Buchhalter rechnet an seinem Pult; der Schuhmacher wichst seinen Faden;
Der Dirigent gibt den Takt an für seine Kapelle und alle Spieler folgen ihm;
Das Kind wird getauft; der Konvertit legt sein erstes Bekenntnis ab;
Die Regatta breitet sich über die Bucht aus; die Wettfahrt hat begonnen (wie die weißen Segel blitzen!);
Der Viehtreiber, der seine Herde bewacht, ruft denen zu, die sich verlaufen wollen;
Der Hausierer schwitzt mit seinem bepackten Rücken, (der Käufer knausert um den ungeraden Cent);
Die Braut entfaltet ihr weißes Kleid, der Minutenzeiger auf der Uhr rückt langsam vor;
Der Opiumesser lehnt zurück mit starrem Haupt und halbgeöffnetem Mund;
Die Prostituierte schleppt ihren Shawl am Boden, ihr Hut baumelt auf ihrem betrunkenen, finnigen Nacken,
Die Menge lacht über ihre gemeinen Flüche, die Männer spotten ihrer und winken einander zu;
(Unglückliche! Ich lache nicht über deine Flüche und spotte deiner nicht),
Der Präsident hält Kabinettsrat und ist von seinen Ministern umgeben;
Auf der Piazza wandeln drei Matronen, würdig und freundschaftlich, Arm in Arm;

Die Mannschaft des Fischerbootes packt Schicht auf Schicht von Steinbutten in den Kielraum;
Der Missourier durchkreuzt die Ebenen und schafft Waren und Vieh fort;
Der Kondukteur macht die Runde durch den Zug und lenkt durch Klimpern mit dem Kleingeld die Aufmerksamkeit auf sich;
Die Zimmerleute legen Dielen; die Klempner verzinnen das Dach; die Maurer rufen nach Mörtel;
In Reihe hintereinander schreiten die Arbeiter voran und schultern ihre Tröge;
Die Jahreszeiten gehen in ihrer Reihe hin, und die zahllose Menschenmasse versammelt sich, es ist der vierte des 7. Monats, (was für ein Salutschießen von Kanonen und Kleingewehr!)
Die Jahreszeiten gehen hin in ihrer Reihe, und der Pflüger pflügt, der Mäher mäht, und das Winterkorn fällt in den Erdboden;
Auf den Seen lauert der Hechtfischer und wartet bei dem Loch auf der hartgefrorenen Fläche;
Die Baumstümpfe stehen dicht rund um die Lichtung, der Kolonist haut tief mit der Axt;
Flachbootleute legen sich zur Dämmerzeit beim Wollbaumgehölz fest und bei den Pekanbäumen;
Waschbärjäger streifen durch das Rotflußgebiet, oder durch das vom Tenessee bewässerte oder das von Arkansas;
Fackeln leuchten durch das Dunkel, das auf dem Chattahooche oder auf Altamahaw liegt;
Patriarchen sitzen beim Abendbrot von Söhnen, Enkeln und Urenkeln umgeben;
Hinter Lehmwänden, in Leinwandzelten rasten Jäger und Trapper nach des Tages Jagdwerk;
Stadt und Land, die schlafen;
Die Lebenden schlafen ihre Zeit und die Toten die ihre;

Der bejahrte Ehemann schläft bei seinem Weib und der junge bei dem seinen;
Diese alle drängen sich in mich hinein, und ich dränge mich hinaus zu ihnen.
Und was es besagt, einer von ihnen zu sein: mehr oder weniger bin ich es,
Und aus einem und allen von ihnen webe ich diesen Gesang von mir selbst.

16.

Ich bin so gut ein Greis wie ein Jüngling, ein Tor wie ein Weiser,
Ohne Rücksicht auf andere, stets voll Rücksicht auf andre;
Mütterlich so gut wie väterlich, Kind so gut wie Mann,
Angefüllt mit grobem Stoff, und angefüllt mit feinem Stoff,
Ein Angehöriger der Nation von vielen Nationen, die geringste gleich der größten;
Ein Sohn des Südens so gut wie des Nordens, ein Plantagenbesitzer nonchalant und gastfreundlich, wohne ich unten am Oconee;
Ein Yankee schlage ich meine eigenen Wege ein, gewandt im Handel, meine Glieder die behendesten auf der Erde und die sehnigsten;
Ein Bewohner von Kentucky durchstreife ich das Elkhorntal in Rehfellgamaschen, ein Louisianer oder Georgier,
Ein Bootsmann über Seen, Buchten und an Küsten entlang, ein Hoosier, Badger, Buckeye; Spitznamen für die Bewohner von Indiana, Wisconsin und Ohio.
Zu Hause in kanadischen Schneeschuhen oder draußen im Busch, oder mit den Fischern von Newfoundland,
Zu Hause auf der Eisbootflotte segle und laviere ich mit den andern,
Zu Hause auf den Hügeln von Vermont oder in den Wäldern

von Maine, oder in einer Feldhütte in Texas,
Gefährte von Kaliforniern, Gefährte der freien Nordwestleute (deren hohe Gestalt ich liebe),
Gefährte von Flößern und Kohlenträgern, Gefährte von allen, die die Hand reichen und zu Trank und Speise einladen,
Ein Schüler mit den Einfältigsten und ein Lehrer der Gedankenreichsten;
Ein Novize, der eben erst beginnt und doch erfahren in Myriaden von Jahren,
Von jeder Farbe bin ich und jedem Stand, von jedem Rang und jeder Religion,
Farmer, Handwerker, Künstler, Edelmann, Matrose, Quäker,
Gefangener, Zierbengel, Raufbold, Rechtsanwalt, Arzt, Priester.
Alles bestehe ich besser als meine eigene Vielfältigkeit;
Atme die Luft, doch lasse genug davon über,
Und bin nicht aufgeblasen und bin da, wohin ich gehöre.
(Motte und Fischlaich sind an ihrem Platz,
Die helle Sonne, die ich sehe und die dunklen, die ich nicht sehe, sind an ihrem Platz,
Das Betastbare ist an seinem Platz und das Unbetastbare an dem seinen.)

17.

Dies sind in Wahrheit die Gedanken aller Menschen in allen Zeitaltern und Ländern, sie rührten ursprünglich nicht von mir her.
Sind sie nicht die deinen ebensogut wie die meinen, so sind sie nichts oder so gut wie nichts;
Sind sie nicht das Rätsel oder die Lösung des Rätsels, so sind sie nichts;
Sind sie nicht ebenso nah wie fern, so sind sie nichts.
Das ist das Gras, das überall wächst, wo es Land und wo es Wasser gibt;

Dies ist die gemeinsame Atmosphäre, in der die Erdkugel sich
badet.

18.

Mit gewaltiger Musik komme ich, mit Zinken und Trommeln;
Ich spiele nicht bloß Märsche für anerkannte Sieger, ich spiele auch Märsche für Besiegte und Erschlagene.
Hast du gehört, daß es gut sei, einen Sieg zu gewinnen?
Ich sage, es ist ebenso gut zu fallen; Schlachten werden in demselben Sinn verloren, wie sie gewonnen werden.
Ich trommle und trommle zu für die Toten;
Ich setze an und blase für sie ein Lautestes und Fröhlichstes.
Vivat für die, denen es fehlschlug!
Und für die, deren Schlachtschiffe auf der See sanken!
Und für die, die selber in der See ertranken!
Und alle Generale, die Schlachten verloren, und alle edlen, besiegten Helden!
Und den zahllosen unbekannten Helden gleich dem größten, die man kennt!

19.

Dies ist das für alle auf's Gleiche gerichtete Mahl; dies ist das Fleisch für den natürlichen Hunger;
Für die Bösen ist es so gut wie für die Rechtschaffenen; ich treffe Vereinbarungen mit allen;
Ich dulde nicht, daß eine einzige Person geringgeschätzt oder übergangen werde.
Die Ausgehaltene, der Schmarotzer, der Dieb sind hiermit geladen;
Der dicklippige Sklave geladen, der Venerische geladen;
Es soll kein Unterschied zwischen ihnen und den übrigen sein.
Dies ist der Druck einer schüchternen Hand, dies das Wehen

und Duften des Haares;
Dies ist die Berührung meiner Lippen mit den deinen, dies das Flüstern der Sehnsucht;
Dies die ferne Tiefe und Höhe, die mein eigenes Gefühl widerspiegelt,
Das gedankentiefe Einswerden und die Wiederablösung meiner selbst.
Meinst du, ich hätte irgendeinen tieferen Vorsatz?
Wohl, ich habe einen; die Regenschauer des vierten Monates haben einen und der Glimmer an der Seite des Felsens hat einen.
Meinst du, ich möchte Erstaunen erregen?
Erregt das Tageslicht Erstaunen? Oder das früherwachte Rotschwänzchen, das durch den Wald zwitschert?
Errege ich mehr Erstaunen als sie?
In dieser Stunde sage ich vertrauliche Dinge;
Ich möchte sie nicht jedermann sagen: aber dir will ich sie sagen.

20.

Wer geht da? Gierig, grob, mystisch, nackt?
Wie kommt es, daß ich Kraft ziehe aus dem Rindfleisch, das ich esse?
Was mag wohl ein Mann sein? Was bin ich? Was bist du?
Allem, was ich als das Meinige bezeichne, sollst du ein Deiniges gegenübersetzen,
Sonst wäre es verlorene Zeit, mir zuzuhören.
Ich winsle nicht mit dem Allerweltsgewinsel,
Daß die Monate leere Räume wären, und der Boden nichts als Schlamm und Kot.
Winseln und Zukreuzkriechen mischt in die Pulver für Kranke, laßt die Anpassung den Vettern vierten Grades;
Ich trage meinen Hut wie's mir gefällt, drinnen oder draußen.

Weshalb muß ich beten? Weshalb muß ich verehren und zeremoniös sein?
Nachdem ich die Erdschichten durchforscht und analysiert habe auf ein Haar, Gelehrte zu Rate gezogen und genaue Berechnung angestellt habe,
Finde ich doch kein süßeres Fett als das, was auf meinen eigenen Knochen sitzt.
In allem Volk seh' ich mich selbst, keiner ist mehr und keiner um ein Gerstenkorn geringer als die anderen,
Und das Gute oder Schlimme, das ich von mir selbst sage, sage ich von ihnen.
Ich weiß, daß ich fest und gesund bin,
Nach mir hin streben und laufen zusammen beständig alle Dinge des Universums,
Alle sind an mich geschrieben und ich muß erforschen, was ihre Schrift bedeutet.
Ich weiß, daß ich unsterblich bin,
Ich weiß, dieser mein Kreislauf kann von eines Zimmermanns Zirkel nicht umspannt werden,
Ich weiß, daß ich nicht vergehen werde wie der Feuerkreis, den ein Kind mit einem Stück brennenden Holzes in die Nacht zeichnet.
Ich weiß, daß ich erhaben bin;
Ich bemühe meinen Geist nicht, sich selbst zu rechtfertigen, oder sich verständlich zu machen,
Ich sehe, daß sich die Urgesetze niemals entschuldigen,
(Ich meine, ich betrage mich am Ende nicht hochmütiger als die Wasserwaage, nach der ich den Grund meines Hauses lege.)
Ich existiere, wie ich bin, das genügt.
Wenn kein anderer in aller Welt mich gewahrt, so sitz' ich da in Zufriedenheit,
Und wenn jeder und alle mich gewahren, so sitz' ich da in Zufriedenheit.
Eine Welt ist meiner gewahr, und zwar die für mich bei weitem

umfangreichste, und die bin ich selbst;
Und ob ich zu den Meinigen hingelange heute, oder in zehntausend oder in zehn Millionen Jahren,
So kann ich es mit Freuden jetzt hinnehmen, und mit gleicher Freude kann ich auch warten.
Die Stätte, wo ich stehe, ist gefügt und verzapft in Granit;
Ich lache über das, was ihr Auflösung nennt,
Und ich kenne die Fülle der Zeit.

21.

Ich bin der Dichter des Leibes und ich bin der Dichter der Seele;
Die Seligkeiten des Himmels sind bei mir, und bei mir sind die Qualen der Hölle.

Jene veredle und vermehre ich in mir, diese übertrage ich in neue Zungen.
Ich bin der Dichter des Weibes gleicherweise wie der des Mannes,
Und ich sage, es ist ebenso erhaben ein Weib wie ein Mann zu sein;
Und ich sage: daß es nichts Erhabeneres gibt als die Mutter des Menschen.
Ich singe den Sang der Aufgeblasenheit und des Stolzes;
Wir haben uns gedrückt und entschuldigt genug.
Ich zeige, daß Größe nur Entwicklungsstadium ist.
Hast du die andern überholt? Bist du Präsident?
Es ist ein Geringes; sie werden alle weiter gelangen als bis dahin und noch darüber hinaus.
Ich bin der, der mit der milden, heraufsteigenden Nacht wandelt;
Ich rufe der Erde zu und dem Meer, dem von der Nacht halbumfangenen:

Drücke dich fest an mich, o Nacht, mit bloßen Brüsten –
drücke dich fest an mich, magnetische, nährende Nacht,
Nacht der Südwinde! – Nacht der wenigen großen Sterne!
Stille, nickende Nacht! – Wilde nackte Sommernacht!
Lächle, o üppige, kühl angehauchte Erde!
Erde der schlummernden, verschwimmenden Bäume!
Erde nach Sonnenuntergang! Erde der nebelverhüllten
Berghäupter!
Erde mit dem gläsernen Guß des Vollmondes;, mit sanftem
blauem Schimmer bedeckt!
Erde des Glanzes und Dunkels, die die Flut des Stromes
flecken!
Erde der klaren grauen Wolken, breiter und klarer um
meinetwillen!
Allumarmende Erde! Reiche, in Apfelblüten prangende Erde!
Lächle, denn dein Geliebter naht!,
Verschenkerin, du hast mir Liebe gegeben – so gebe auch ich
dir Liebe!
O unaussprechliche, leidenschaftliche Liebe!

22.

Und du, Meer! Auch dir ergebe ich mich – ich ernte, was du
meinst;
Vom Gestade gewahre ich deine einladend gekrümmten Finger.
Ich glaube, du willst dich nicht eher zurückziehen, als bis du
mit mir in Berührung gekommen bist.
Laß uns einen Gang miteinander machen; ich entkleide mich;
führe mich hurtig außer Sicht des Landes!
Bette mich sanft; wiege mich im wogigen Taumel;
Überschütte mich mit zärtlicher Feuchte – ich kann es dir
entgelten.
Meer der langgedehnten Grundwogen;
Meer, das mit breiten, zuckenden Zügen atmet;

Meer, mit deiner lebendigen Salzflut, mit deinen ungeschaufelten, doch stets bereiten Gräbern;
Heulendes, sturmtosendes, wetterwendisches und liebliches Meer;
Du und ich, wir sind eins; auch ich habe eine Phase und alle Phasen.
Ein Teil ich von Ebb' und Flut; Lobpreiser von Haß und Versöhnung;
Lobpreiser von Freunden und solcher, die Arm in Arm schlafen.
Ich bin, der Sympathie verkündet,
(Sollte ich meine Inventarliste von den Gegenständen des Hauses aufstellen und das Haus, das sie trägt, auslassen?)
Ich bin nicht allein der Dichter der Rechtschaffenheit: ich weigere mich nicht, ebenso der Dichter der Gottlosigkeit zu sein.
Was für ein Geschwätz da von Tugend und Laster?
Übel regt mich an und Verbesserung des Übels regt mich an; gleichmütig steh' ich da.
Mein Gang ist nicht der eines Tadlers oder eines Verwerfenden;
Allem, was gewachsen ist, feuchte ich die Wurzeln.
Fürchtest du etwa Skropheln aus der nie erschlaffenden Fruchtbarkeit?
Meinst du, daß die himmlischen Gesetze noch zu überarbeiten oder zu berichtigen wären?
Ich halte die eine Seite für ein Gegengewicht und halte die entgegengesetzte Seite für ein Gegengewicht;
Und ich halte die sanfte Lehre für eine ebenso treue Hilfe als die starke Lehre;
Und finde in den Gedanken und Taten der Gegenwart unser Aufwachen und unsern ersten Anfang.
Die Minute, die in diesem Augenblick von den vergangenen Dezillionen her zu mir kommt:
Es gibt nichts Besseres als sie und als den Augenblick.
Was in der Vergangenheit Tüchtiges geleistet wurde oder in

der Gegenwart Tüchtiges geleistet wird, ist nicht so sehr ein Wunder;
Ein Wunder ist nur und immer, wie es möglich ist, daß es einen gemeinen oder einen ungläubigen Menschen geben kann.

23.

Endlose Entfaltung von Worten der Zeitalter!
Mein aber ein Wort der Moderne: das Wort En Masse.
Ein Wort des Glaubens, der nimmer trügt;
Hier oder fortan: es ist mir völlig gleich; unbedingt glaube ich an Zeit.
Sie allein ist ohne Riß; sie allein rundet und vervollständigt alles;
Dies mystische, verwirrende Wunder allein vervollständigt alles.
Ich glaube an Wirklichkeit und wage nicht, sie zu beanstanden.
Und schärfe vor allem und nach allem Materialismus ein.
Hoch die positive Wissenschaft! Lang lebe die exakte Demonstration!
Man hole Mauerpfeffer gemischt mit Zeder- und Fliederzweigen;
Hier ist der Lexikograph, hier der Chemiker, hier, der eine Grammatik aus den alten Papyrusinschriften zusammenstellt;
Hier die Seeleute, die das Schiff durch gefahrvolle unbekannte Meere steuern;
Hier ist der Geolog; hier ist der mit dem Skalpell arbeitet; und hier ist der Mathematiker.
Meine Herren! Euch gebühren allzeit die höchsten Ehren!
Eure Tatsachen sind nützlich, doch sind sie noch nicht meine Wohnung.
Durch sie hindurch trete ich erst in eine Abteilung meiner Wohnung ein.
Meine Worte erinnern weniger an wägbare Eigenschaften:

Sie erinnern mehr an das unaussprechliche Leben, und an die Freiheit und die Erlösung,
Und sie machen wenig Umstände mit Zwittern und Kastraten, sondern begünstigen völlig ausgerüstete Männer und Weiber;
Sie schlagen die Trommel des Aufstandes, verweilen bei Flüchtlingen und solchen, die sich verschwören und konspirieren.

24.

Walt Whitman, ein Kosmos, Manhattans Sohn;
Stürmisch, fleischlich, sinnlich, essend, trinkend und zeugend;
Kein Empfindler, der sich über Männer und Weiber stellt oder sich von ihnen absondert,
Nicht mehr bescheiden als unbescheiden.
Schraubt die Schlösser von den Türen!
Löst die Türen selbst von ihren Pfosten!
Wer einen andern erniedrigt, der erniedrigt mich;
Und alles, was getan und gesagt wird, fällt schließlich auf mich zurück.
Endlos durchwogt mich der Hauch des Geistes, der Strom und Zeiger.
Uralte Losung sprech' ich aus; ich gebe das Zeichen der Demokratie.
Bei Gott! Ich werde nichts annehmen, woran nicht ein jeder andre auch sein Part haben kann unter den gleichen Bedingungen.
Manche lange verstummten Stimmen gehen durch mich durch;
Stimmen endloser Generationen von Gefangenen und Sklaven;
Stimmen von Kranken und Verzweifelnden, von Dieben und Krüppeln;
Stimmen von Kreisläuften der Vorbereitung und des Wachstums;
Stimmen der Fäden, die die Gestirne miteinander verknüpfen,

von Mutterleib und Zeugungsstoff;
Und von den Rechten derer, die von andern unterdrückt wurden,
Der Mißgestalteten, der Albernen, Flachen, Närrischen, Verachteten,
Der Nebel in der Luft, der Käfer, die Kügelchen aus Dung rollen.
Durch mich gehen verbotene Stimmen;
Stimmen von Geschlechtern und Begierden; verschleierte Stimmen und ich, der den Schleier wegzieht;
Unzüchtige Stimmen, die durch mich erhellt und verklärt werden.
Ich presse mir nicht die Finger auf den Mund;
Ich halte die Eingeweide für ebenso kostbar wie Kopf und Herz;
Die Begattung halte ich für nicht anstößiger als den Tod,
Ich glaube an das Fleisch und die Begierden,
Gesicht, Gehör, Gefühl sind Wunder,
Und jeder Teil und Zipfel von mir ist ein Wunder.
Göttlich bin ich innen und außen und heilig mach' ich, was immer ich berühre oder was mich berührt.
Der Duft dieser Achselhöhlen ist ein Duft, feiner als Gebet,
Dieses Haupt mehr als Kirchen, Bibeln und alle Glaubensbekenntnisse.
Wenn ich ein Ding mehr verehre als ein anderes, so soll es mein Körper sein von oben bis unten, oder irgendein Teil von ihm.
Lichte Gestalt, du, sollst es sein!
Stärke männlicher Jugend, du sollst es sein!
Was immer mir zum Wohl gereicht, das soll es sein!
Du mein kostbares Blut! Du milchweißer Strom, bleicher Ausfluß meines Lebens!
Brust, die sich an andre Brüste preßt, du sollst es sein!
Mein Hirn, deine geheimen Windungen sollen es sein!
Wurzel des wasserbespülten Kalmus! Scheue Teichschnepfe!

Nest mit den geschützten Doppeleiern, ihr sollt es sein!
Saft, der vom Ahorn trieft; kräftige Weizenfaser: ihr sollt es sein!
Reichspendende Sonne, du sollst es sein!
Dünste, die ihr mein Gesicht beleuchtet und beschattet: ihr sollt es sein!
Ihr, feuchte Bäche und Tauniederschläge sollt es sein!
Ihr Winde, deren sanftkitzelnde Genitalien über mich hinstreicheln, ihr sollt es sein!
Breitwinklige Felder, Steineichenzweige, die meine gewundenen Pfade liebevoll beschatten: ihr sollt es sein!
Hände, die ich ergriffen; Lippen, die ich geküßt; Sterblicher, den je ich berührt: ihr sollt es sein!
Ich bin in mich selbst verliebt, – alles und jeder Teil ist da so köstlich.
Ein jeder Augenblick und alles was geschieht, macht mich beben vor Freude.
Ich kann nicht sagen, wie meine Fußknöchel sich drehen, noch was der Ursprung meines leisesten Wunsches;
Noch die Ursache der Freundschaft, die von mir ausströmt, noch die Ursache der Freundschaft, die ich empfange.
Wenn ich meine Treppe hinansteige, mach' ich halt und überlege, ob das Wirklichkeit ist.
Ein Morgenschimmer an meinem Fenster befriedigt mich mehr, als die Metaphysik der Bücher.
Den Tagesanbruch zu schauen!
Der erste Lichtstreifen macht die ungeheure, mondlichte Schattenwelt verbleichen;
Wie erquickt die Morgenluft meinen Gaumen!
Sprossen der erwachenden Welt – still erheben sie sich mit unschuldigem Frohlocken, frisch schießen sie hervor;
Schräg schnellen sie hin, in die Höhen und in die Tiefen.
Etwas Unsichtbares richtet lüsterne Zacken empor,
Meere von glänzendem Saft überfluten den Himmel.

Der Himmel, der bei der Erde verweilt, bei der täglich neugeschlossenen Vereinigung;
Die Herausforderung, die sich in diesem Augenblick vom Osten her erhebt,
Der höhnende Spott: Siehe denn, ob du dich behauptest!

25.

Mit seiner schrecklichen, blendenden Helle, wie schnell würde der Sonnenaufgang mich töten,
Könnte ich nicht jetzt und allezeit Sonnenaufgang aus mir selbst entsenden.
Auch wir steigen auf, blendend und furchtbar wie die Sonne;
Unser eigenes Ich fanden wir, o meine Seele, in der stillen Frische des Taganbruches.
Meine Stimme geht nach dem aus, was meine Augen nicht erreichen können;
Mit einer Wendung meiner Zunge umfasse ich Welten und Massen von Welten.
Die Sprache ist die Zwillingsschwester meines Gesichtes! sie ist außerstande sich selbst zu ermessen;
Unaufhörlich reizt sie mich, spottet und sagt:
Welt, du enthältst doch genug, warum gibst du es denn nicht von dir?
Komm nur! Ich lasse mich nicht necken, du hältst zu viel vom Ausdruck;
Weißt du nicht, Sprache, wie die Knospen unter dir gefaltet sind?
Sie harren im Dunkel, vor'm Frost geschützt;
Es weicht der Schmutz vor meinem prophetischen Geschrei;
Ich lege Ursachen unter, um sie schließlich im Gleichgewicht zu halten,
Mein Wissen, meine lebendigen Bestandteile, die mit der Bedeutung aller Dinge Schritt halten,

Glückseligkeit (wer immer mich hört, Mann oder Weib, mache sich unverzüglich auf, sie zu suchen).
Mein höchstes Verdienst verweigere ich euch; ich verweigere das, was ich wirklich bin, aus mir herauszusetzen;
Umfasse Welten, aber suche nicht, mich zu umfassen.
Ich bedränge dich schon gehörig, wenn ich bloß nach dir hinblicke.
Schrift und Rede beweist mich nicht;
Alle Beweisfülle und alles übrige trag' ich in meinem Antlitz,
Mit dem Schweigen meiner Lippen setze ich den Zweifler in völlige Verwirrung.

26.

Jetzt will ich nichts tun als lauschen,
Damit das, was ich höre, in diesem Lied erwachse, daß es sie durch diese Klänge bereichere.
Ich höre Jubellieder von Vögeln, Knistern des Weizens in seinem Wachstum, Schwatzen von Flammen, Knacken von Reisig, mit dem ich mein Mahl koche,
Ich höre den Ton, den ich liebe, den Ton der menschlichen Stimme;
Ich höre alle Töne ineinanderfließen, verbunden, verschmolzen oder in ihrer Aufeinanderfolge;
Laute der Stadt und Laute von außerhalb der Stadt, Laute von Tag und Nacht;
Das muntere Plaudern junger Liebender miteinander; das schallende Lachen der Handwerker bei ihren Mahlzeiten;
Den rauhen Zornlaut zerrissener Freundschaft; die schwachen Laute der Kranken;
Den Richter, der mit den Händen sein Pult preßt, während seine bleichen Lippen das Todesurteil verkünden;
Das Hoiho! der Packer, die auf den Werften die Schiffe ausladen; den Kehrreim derer, welche Anker lichten;

Das Läuten der Sturmglocken, den Feuerruf, das Klirren der heranstürmenden Feuerspritzen und Schlauchwagen mit warnendem Geläut und bunten Lichtern;
Die Dampfpfeife, das dumpfe Rollen des Zuges herannahender Waggons;
Den Trauermarsch an der Spitze des Vereins gespielt, der zu Zwei und Zwei marschiert,
(Sie gehen und geleiten eine Leiche, die Fahnenspitzen sind mit schwarzem Flor umwunden).
Ich höre das Cello (es ist des Jünglings Herzensklage);
Ich höre das Klapphorn; schnell dringen seine Töne an mein Ohr,
Mit wildsüßen Stößen erschüttern sie mir Bauch und Brust.
Ich höre den Chor, eine große Oper.
Ach! Das heiß' ich Musik! – Das stimmt zu mir!
Eine Tenorstimme, groß und frisch wie die Schöpfung, erfüllt mich;
Es strömt aus der bogenförmigen Mundwölbung und erfüllt mich ganz.
Ich höre die gut ausgebildete Sopranstimme (was für eine Wirkung geht von ihr aus!)
Das Orchester wirbelt mich weiter als Uranus fliegt,
Es entlockt mir solche Glut des Gefühls, ich ahnte nicht, daß ich sie vermöchte;
Es wiegt mich mit Wogen; ich plätschere mit bloßen Füßen; sie werden von den sanften Wellen bespült;
Ich werde von scharfem und zornigem Hagel geschnitten, der Atem geht mir aus;
In honigsüßes Morphin fühl' ich mich getaucht; meine Kehle wird geschnürt von Schlingen des Todes;
Schließlich tauch ich wieder empor, um das Rätsel der Rätsel zu fühlen,
Und das nennen wir: Sein.

27.

Sein in irgendeiner Gestalt: was ist es?
(Wir gehen, jeder von sich aus, in die Runde und wieder in die Runde, und immer wieder kommen wir darauf zurück);
Wenn weiter keine Stufe der Entwicklung vorläge, so wäre die Seemuschel in ihrer empfindungslosen Schale ausreichend;
Meine Schale ist nicht unempfindlich;
Ich bin bedeckt mit schnellen Leitern, ob ich gehe oder stehe;
Sie erfassen jeden Gegenstand, um ihn ohne Schaden durch mich hindurchzuleiten.
Ich brauche mich bloß zu bewegen, zu drücken, mit den Fingern zu tasten und ich bin glücklich;
Meinen Leib mit dem eines anderen in Berührung zu bringen, ist schon so viel, wie ich aushalten kann.

28.

Ist dies denn eine Berührung? die mich zu einer neuen Wesenheit bebend hinzieht?
Flammen und Äther, die auf meine Adern losstürmen;
Verräterische Spitze, die von mir sich ausstreckt und wächst, ihnen zu helfen;
Mein Fleisch und mein Blut, die Blitzstrahlen schießen, um das zu treffen, was kaum von mir besonders verschieden ist;
Von allen Seiten wollüstige Reize, die meine Glieder straffen;
Die aus meines Herzens Euter den letzten zurückgehaltenen Tropfen pressen;
Die sich gegen mich schamlos benehmen und meine Weigerung nicht beachten;
Und wie mit Vorsatz meines Besten mich berauben;
Die meine Kleider aufknöpfen und meinen bloßen Leib umfassen;
Die meine Verwirrung täuschen mit dem Frieden von

Sonnenlicht und Wiesengrün,
Und meine andern Sinne unzüchtig von mir wegschleppen,
Bestechen sie, mit der Berührung einen Bund zu schließen,
davonzulaufen und an meinen Rändern zu weiden,
Keine Rücksicht, keine Acht auf das Sinken meiner Kraft oder auf meinen Zorn,
Sondern sie holen die übrige Herde herbei, daß sie sich eine Weile ergötzen,
Dann alle miteinander auf einem Vorland stehen, um meiner zu spotten.
Die Wachen verlassen jeden andern Teil von mir,
Ohnmächtig haben sie mich einem roten Räuber preisgegeben,
Alle kommen sie zu dem Vorland, um gegen mich zu zeugen und sich gegen mich einander beizustehen.
Preisgegeben bin ich von Verrätern;
Ich rede Unsinn, habe meinen Verstand verloren; ich selbst und niemand anders ist der größte Verräter;
Ich selber zuerst ging auf das Vorland, meine eigenen Hände haben mich dorthin geführt.
Du schurkische Berührung! Was hast du vor? Der Atem stickt mir in der Kehle.
Schließ auf deine Fluttore! Du bist mir zu stark.

29.

Blinde, liebevolle, ringende Berührung! Verhüllte, verkappte, scharfzahnige Berührung!
Hat es dir so weh getan, mich zu lassen?
Der Trennung auf der Ferse folgt die Ankunft, beständige Bezahlung beständigen Darlehens.
Reichlich strömt der Regen, reichlicher ist nachher der Ersatz.
Sprossen schlagen Wurzeln und mehren sich, stehen am Zaun, fruchtbar und triebkräftig,
Landschaften werden entworfen, kräftige, volle, goldene.

30.

Alle Wahrheiten warten in allen Dingen;
Weder beschleunigen sie ihre eigene Befreiung, noch widerstehen sie ihr.
Sie bedürfen nicht der Zange des Geburtshelfers.
Das Unbedeutende ist mir ebenso wichtig wie irgend etwas andres,
(Was ist unbedeutender oder bedeutender als eine Berührung?)
Niemals überzeugen Logik und Predigten;
Der feuchte Nachttau dringt tiefer in meine Seele ein.
(Einzig, was einem jeden Mann und einem jeden Weibe sich bestätigt, ist so;
Einzig, was niemand leugnet, ist so.)
Eine Minute und ein Tropfen von mir beruhigen mein Gehirn.
Ich glaube, daß die feuchten Schollen zu Liebenden und Leuchten werden sollen;
Und ein Auszug der Auszüge ist das Fleisch eines Mannes oder Weibes,
Und ein Gipfel und eine Blume auf ihm ist die Empfindung, die sie füreinander hegen;
Und ohne Ende haben sie aus dieser Lehre Äste zu treiben, die allmächtig wird,
Und bis alle und jeder uns Wonne bereiten und wir ihnen.

31.

Ich glaube, daß ein Grashalm nicht geringer ist als ein Tageslauf der Gestirne;
Und die Ameise ist ebenso vollkommen, ein Sandkorn und des Zaunkönigs Ei.
Und die Baumkröte ist ein Meisterstück vor dem Auge des Allerhöchsten;
Und die Brombeerranken könnten die Hallen des Himmels

schmücken;
Und das schmälste Gelenkband meiner Hand verspottet jede Maschinerie;
Und die mit gesenktem Haupt kauende Kuh übertrifft jedes Bildwerk;
Und eine Maus ist Wunders genug, um Sextillionen von Ungläubigen wanken zu machen.
Ich finde, mein Körper enthält Gneis, Kohlen, langfasriges Moos, Früchte, Ähren, eßbare Wurzeln.
Und ich bin über und über mit einer Stukkatur von Vierfüßlern und Vögeln bedeckt;
Und ich habe aus guten Gründen zurückgelassen, was hinter mir liegt,
Kann aber jegliches, wenn ich es wünsche, wieder zurückrufen.
Vergebens Eile und Scheu,
Vergebens sendet das Plutonische Gestirn seine alte Glut meinem Nahen entgegen;
Vergebens zieht sich das Mastodon hinter seine eigenen, staubgewordenen Knochen zurück,
Vergebens stehen die Gegenstände meilenweit voneinander ab und nehmen mannigfaltige Gestalten an,
Vergebens senkt der Ozean sich in Höhlen und lauern die großen Ungeheuer in der Tiefe,
Vergebens ist der Bussard im Firmament zu Hause,
Vergebens gleitet die Schlange zwischen Schlingpflanzen und Holzklötzen,
Vergebens strebt der Elch in die innersten Gründe der Wälder,
Vergebens segelt der Scheermesserschnäbler fern gegen Nord nach Labrador,
Schnell bin ich hinterher; ich steige nach, hinauf zum Nest in der Felsenritze.

32.

Ich meine, ich könnte mich zu den Tieren wenden und mit ihnen leben; sie sind so ruhig und selbständig;
Ich stehe und betrachte sie lange und lange.
Sie schwitzen und wimmern nicht über ihre Lage,
Sie liegen nicht im Dunkel und weinen über ihre Sünden,
Sie machen mich nicht elend durch Erörterungen über ihre Pflichten Gott gegenüber;
Kein einziges ist unzufrieden; kein einziges besessen von der Manie nach Besitz;
Kein einziges kniet vor einem andern, oder vor einem seinesgleichen, der vor Tausenden von Jahren lebte,
Kein einziges ist respektabel oder unglücklich auf der ganzen Erde.
So zeigen sie ihre Beziehungen zu mir, und ich erkenne sie;
Sie bringen mir Zeichen von mir selbst und beweisen klar und deutlich ihr Eigentumsrecht daran.
Ich staune, woher sie diese Zeichen haben!
Bin ich vor ungeheuren Zeiträumen dort vorbeigegangen und habe sie nachlässig fallen lassen?
Ich selber, der vorrückte, damals, und jetzt und ewig?
Um immer größeren Besitz zu sammeln und eilig zu erschauen?
Unendlich- und von mannigfacher Art, alledem gleich und mitten darunter?
Nicht zu hochmütig gegen" die, die mir ein Erinnerungszeichen darreichen.
Hier suche ich mir einen aus, den ich liebe und gehe nun brüderlich mit ihm gleichen Weg.
Einen schönen starken Hengst, lebhaft und empfänglich für meine Liebkosungen;
Das Haupt hoch in der Stirn, breit zwischen den Ohren,
Die Glieder glänzend und flink, der Schweif streift den Boden,

Die Augen voll funkelnder Bosheit, feingeschnitten die Ohren, geschmeidig in der Bewegung.
Seine Nüstern blähen sich, wenn meine Fersen ihn umschließen,
Seine wohlgebauten Glieder zittern vor Lust, wenn wir im Kreise herumstürmen.
Nur für eine Minute will ich dich benutzen, Hengst, und dich dann wieder freigeben.
Wozu brauche ich deine Sprünge, da ich dich doch selber im Galopp überholen kann?
Selbst wenn ich sitze oder stehe, komme ich ja doch schneller vorwärts als du.

33.

Raum und Zeit! Jetzt sehe ich, es ist wahr, was ich bereits erriet;
Was ich erriet, als ich da müßig im Gras lag,
Was ich erriet, als ich allein lag in meinem Bette,
Und noch einmal erriet, als ich am Meeresgestade wandelte unter den erblassenden Sternen der Frühe.
Meine Bande und mein Ballast fallen von mir ab, meine Ellbogen ruhen in Meerbuchten,
An Gebirgen streif ich hin, meine Handflächen bedecken Kontinente,
Ich gehe mit meinem Traum.
Unter den viereckigen Stadthäusern lagere ich, in Blockhäusern mit Holzhändlern;
Chausseegleise wandre ich hin, die trockene Schlucht entlang und dem Bette des Bächleins;
Ich jäte meinen Zwiebelacker, die Reihen der Karotten und Pastinaken, durchquere die Savannen, verfolge den Pfad in den Wäldern;
Messe Land, grabe nach Gold, umschneide die Bäume auf einem neuangekauften Gut;

Vom heißen Sand bis auf die Fußknöchel verbrannt, schleppe ich mein Boot den flachen Fluß hinab,
Wo auf dem Ast mir zu Häupten der Panther hin und her geht, wo der Rehbock wütend den Jäger angeht;
Wo die Klapperschlange ihre schlappe Länge auf einem Felsen sonnt, wo der Otter Fische frißt,
Wo der Alligator in seinem zähen Warzenpanzer am Abfluß des Sees schläft;
Wo der schwarze Bär nach Wurzeln und Honig sucht, wo der Biber den Schlamm patscht mit seinem ruderförmigen Schwanze;
Über sprossendes Zuckerrohr, über gelbblühende Baumwollstauden, über den Reis in seinem feuchten, tiefen Feld;
Über das spitzgieblige Farmerhaus mit seinem gezackten First und den schlanken Wassergüssen von der Rinne herab;
Über die Dattelpflaumen des Westens, über den langblättrigen Mais, über den zierlichen blaublumigen Flachs,
Über den weißen und braunen Buchweizen, ein Summer und Brummer da mit den anderen,
Über das grauliche Grün des Roggens, wie er da webt und wogt im Winde;
Berge ersteig' ich; ziehe mich vorsichtig hinauf, indem ich mich an niedrigen, rauhen Ästen festhalte;
Ich verfolge den im Grase ausgetretenen Pfad und schlage mich durch das Laubwerk des Dickichts,
Wo die Wachtel zwischen Wald und Weizenacker schlägt,
Wo an den Abenden des siebenten Monats die Fledermaus flattert, wo der große Goldkäfer durch das Dunkel hastet,
Wo das Bächlein unter den Wurzeln des alten Baumes hervorkommt und der Wiese zufließt,
Wo das Vieh steht und sich mit zuckender Bewegung der Haut die Fliegen abschüttelt;
Bin, wo das Käsetuch in der Küche hängt, wo die Feuerböcke

sich über den Herdstein spreizen, wo die Spinngewebe wie Festons von den Balken hängen;
Wo die Hüttenhämmer krachen, wo die Druckerpresse ihre Zylinder wirbelt,
Überall, wo das Menschenherz mit furchtbaren Wehen unter den Rippen hämmert,
Wo der birnenförmige Ballon hoch oben in den Lüften schwebt, (ich selber schwebe in ihm und schaue ruhig hinab),
Wo der Rettungskarren an der Schleife gezogen wird; da wo die Hitze gelbgrüne Eier im Sande ausbrütet;
Wo das Walfischweibchen mit seinem Kalbe schwimmt, ohne es je zu verlassen;
Wo das Dampfschiff seine lange Rauchfahne hinter sich herzieht;
Wo des Haifischs Flosse wie ein schwarzer Span aus dem Wasser schneidet,
Wo die halbverbrannte Brigg auf unbekannten Strömungen fährt,
Wo Muscheln sich am schlüpfrigen Deck ansetzen; wo die Toten unten im Raum verfaulen;
Wo das Sternenbanner an der Spitze der Regimenter getragen wird;
Es nähert sich Manhattan auf seinem langgestreckten Eiland;
Unter dem Niagara, während mir der Wasserfall wie ein Schleier über das Gesicht fällt;
Auf einer Türtreppe draußen; auf dem Aufsteigeblock aus hartem Holz;
Auf der Rennbahn; oder ich ergötze mich bei einem Picknick, oder am Tanz oder an einem guten Ballspiel;
In Männergesellschaften mit groben Spässen, ironischer Ausgelassenheit, Bullentänzen, Saufen, Gelichter;
An der Apfelweinpresse, wo ich die Süße des braunen Breies koste, indem ich den Saft durch einen Strohhalm sauge;
Bei Musterungen, Strandpartien, Wohltätigkeitsvereinen, beim

Maishülsefest, beim Richtefest,
Bin, wo die Spottdrossel ihre köstlichen Triller erschallen läßt, ihr Kichern, ihr Schreien, ihr Schluchzen;
Wo der Heustapel im Scheunenhof steht, wo die dürren Halme umherliegen, und wo die Zuchtkuh im Schuppen wartet;
Wo der Stier hervortritt, um sein männliches Werk zu verrichten, wo die Stute auf den Hengst wartet, wo der Hahn die Henne tritt,
Wo die Färse weidet, wo die Gänse mit kurzem Ruck ihr Futter abrupfen,
Wo die Abendschatten sich über die endlose, einsame Prärie breiten,
Wo die Büffelherden über die Quadratmeilen nah und fern eine kriechende Decke bilden;
Wo der Kolibri schimmert, bin ich, wo der Hals des langlebigen Schwanes sich biegt und windet,
Wo die Lachmöve über das Meergestade hinschießt, wo sie ihr fast menschliches Lachen lacht,
Wo auf einer grauen Holzbank im Garten die Bienenkörbe sich reihen, im hohen Unkraut halb verborgen;
Wo die Halsband-Rebhühner im Kreis schlafend auf dem Boden sitzen, die Köpfe nach außen gerichtet;
Und da, wo die Leichenwagen durch das Bogentor des Friedhofs fahren,
Wo zur Winterzeit die Wölfe in den Schneewüsten bellen und zwischen Bäumen mit Eiszapfen behangen;
Wo der gelbgekrönte Reiher nächtens zum Sumpfrand kommt und kleine Krebse fischt;
Bin, wo das Plätschern der Schwimmenden und Tauchenden die heiße Mittagsstunde kühlt,
Wo die Zikade ihre chromatische Pfeife auf dem Walnußbaum über dem Brunnen übt;
Ich wandere durch kleine Felder mit Zitronen und Gurken mit silbergeäderten Blättern,

Durch die Salzlecke oder das Orangental, oder unter spitzgipfligen Fichten;
Durch die Turnhalle, durch den mit Vorhängen geschmückten Saal, durch das Büro und die öffentliche Halle;
Habe meine Freude am Einheimischen und habe meine Freude am Fremdländischen, habe Freude an alt und neu,
Am schlichten Weib, wie an der Schönheit;
An der Quäkerin, wenn sie ihre Haube aufbindet und mit ihrer melodischen Stimme zu sprechen beginnt;
Am Chorlied in der weißgetünchten Kirche,
An den ernsten Worten des schwitzenden Methodisten-Predigers, tief ergriffen beim Feldgottesdienst;
Blicke in die Ladenfenster am Broadway den ganzen Vormittag und plätte meine Nase am dicken Spiegelglas
Und wandere an demselben Nachmittag, das Gesicht den Wolken zugewandt, oder einen Feldweg hin oder die Küste entlang;
Meine Arme schlingen sich rechts und links um ein paar Freunde, und ich in der Mitte;
Kehre heim mit dem schweigsamen, braunwangigen Waldknaben (hinter mir reitet er in der Abenddämmerung),
Weitab von den Ansiedlungen prüfe ich die Wildfährte, oder die Spur des Mokassins.
Reiche bei einem Hospitalbett einem Fieberkranken die Limonade;
Stehe, wenn alles still ist, bei einer eingesargten Leiche und betrachte sie forschend bei einer Kerze;
Bin auf der Fahrt nach jeglichen Häfen, zu tauschen und zu wagen,
Brause hin mit dem modernen Pöbel, ungestüm und wankelmütig wie nur einer;
Heftig gegen den, den ich hasse; in meiner Wut bereit ihn niederzustechen;
Einsam zur Mittnachtszeit in meinem Hinterhof; lange

schweifen meine Gedanken fern von mir,
Wandeln über die alten Hügel von Judäa, der holde, gütige Gott an meiner Seite;
Schweifen durch den Raum, durch den Himmel und die Gestirne,
Schweifen zwischen den sieben Satelliten und der Milchstraße und dem Durchmesser von achtzigtausend Meilen;
Schweifen mit geschwänzten Meteoren, schleudern Feuerbälle wie sie;
Ich trage das wachsende Kind, das seine eigene schwangere Mutter in ihrem Bauch trägt;
Stürme, genieße, spinne Pläne, liebe, warne,
Verenge mich, erweitere mich, erscheine und verschwinde,
Betrete bei Tag und Nacht solche Pfade.
Ich betrete die Gärten der Sphären und betrachte ihre Früchte,
Betrachte Quintillionen, die reif und Quintillionen, die noch grün sind.
Ich fliege diese Flüge einer ausströmenden und einsaugenden Seele;
Meine Fahrt geht tief unter die Messungen des Bleilots.
Ich versorge mich von dem Körperlichen und dem Unkörperlichen,
Keine Wache vermag mich zurückzuweisen, kein Gesetz mich zu binden.
Nur eine kleine Weile laß ich mein Schiff vor Anker liegen,
Beständig kreuzen meine Boote oder kehren zu mir zurück mit ihren Berichten.
Ich gehe auf die Jagd nach Polarpelzen und Seehunden, mit einer eisenbeschlagenen Stange überspringe ich Eisspalten, oder klammere mich an die blauen, spröden Zacken.
Ich klettere auf den Topp;
Spät in der Nacht nehme ich meinen Platz im Krähenneste;
Wir segeln auf dem Polarmeer, es ist reichlich hell;
Durch die klare Atmosphäre erschaue ich ringsum wundersame

Schönheit;
Ungeheure Eismassen treiben an mir vorbei und ich an ihnen, nach allen Seiten hin ist die Gegend frei zu überschauen;
Weißgipflige Berge zeigen sich in der Ferne, ich lasse meine Phantasie zu ihnen hinschweifen.
Wir nähern uns irgendeinem großen Schlachtfeld, wo wir bald eine Schlacht schlagen werden;
Behutsam, leise paschen wir uns durch die mächtige Vorpostenkette des Lagers,
Oder wir ziehen durch die Vorstädte in eine große verwüstete Stadt ein,
Die Blöcke und die verfallene Architektur ist mehr als alle lebenden Städte der Erdkugel.
Ich bin ein Freischärler, ich biwakiere bei den Wachtfeuern des hereinbrechenden Feindes;
Ich werfe den Bräutigam aus dem Bett und bleibe selber bei der Braut,
Die ganze Nacht hindurch presse ich sie an meine Schenkel und Lippen.
Meine Stimme ist eines Weibes Stimme, ist der Schrei an meinem Treppengeländer;
Sie bringen mir meines Mannes Körper herauf, triefend.
Ich verstehe die großen Herzen der Helden,
Die Tapferkeit der gegenwärtigen Zeiten und aller Zeiten;
Wie der Schiffskapitän das wimmelnde, steuerlose Wrack des Dampfschiffes sah, das der Tod auf und ab durch den Sturm jagte;
Wie er fest zugriff und nicht einen Zoll breit wich und treu war bei Tag und Nacht,
Und mit Kreide große Buchstaben auf ein Brett schrieb: „Seid guten Mutes, wir verlassen euch nicht!“
Wie er ihnen folgte und mit ihnen drei Tage lang lavierte und nicht abstand,
Wie er schließlich die umhertreibende Mannschaft rettete;

Der Anblick der verschmachteten Weiber in ihren schlaffhängenden Röcken; wie man sie auf Booten wegholte von dem Rand ihrer fertigen Gräber,
Die stummen Kinder mit gealterten Zügen und die krampfhaft sich aufrichtenden Kranken und die scharflippigen Männer mit bartverwilderten Gesichtern;
All das nehm' ich auf, es bekommt mir wohl; ich habe es gern, es wird mein.
Ich bin der Mann; ich litt; ich war dabei.
Die Weltverachtung und Ruhe der Märtyrer.
Die Mutter von vordem, als Hexe verdammt, verbrannt mit dürrem Holz, während die Kinder zuschauten;
Der gehetzte Sklave, der vom Laufen ermattet am Zaun lehnt, blutend, mit Schweiß bedeckt,
Die Stiche, die seine Beine und seinen Hals wie Nadeln stechen; die mörderischen Rehposten und Kugeln;
All das fühl' ich oder bin ich.
Ich bin der gehetzte Sklave; ich winde mich unter dem Biß der Hunde,
Hölle und Verzweiflung sind über mich hereingebrochen; es knallen und knallen die Schützen,
Ich klammere mich an die Zaunpfähle; mein Blut trieft, verdünnt durch den Schweiß meiner Haut;
Ich falle auf Unkraut und Steine nieder,
Die Reiter spornen ihre sträubenden Rosse an, holen sie dicht an mich heran,
Schreien Spott in meine schwindelnden Ohren und hauen mir mit ihren Reitpeitschen heftig über den Schädel.
Qualen sind einer meiner Kleiderwechsel;
Ich frage den Verwundeten nicht, wie er sich fühlt, ich werde selbst der Verwundete;
Meine Wunden werden brandig, während ich auf den Stock gelehnt, beobachte.
Ich bin der zerquetschte Feuerwehrmann mit zerbrochenem

Brustbein,
Stürzende Mauern begruben mich unter ihren Trümmern;
Hitze und Qualm atme ich ein, ich hörte die gellenden Rufe meiner Kameraden,
Hörte das ferne Picken ihrer Radehacken und Schaufeln,
Sie haben die Balken weggeräumt, sanft ziehen sie mich hervor.
In meinem roten Hemd liege ich in der Nachtluft, tiefes Schweigen herrschte um meinetwillen,
Schmerzfrei lieg' ich nach allem da; erschöpft, aber nicht eben unglücklich,
Weiß und schön sind die Gesichter, die mich umgeben, die Häupter sind von den Feuerkappen entblößt.
Die knieende Schar schwindet mir langsam mit dem Licht der Fackeln.
Entfernte und Tote leben wieder auf;
Sie sind wie das Zifferblatt oder bewegen sich wie meine Zeiger; ich selbst bin die Uhr.
Ich bin ein alter Artillerist; ich erzähle von dem Bombardement einer Festung,
Noch einmal bin ich dort.
Noch einmal der lange Trommelwirbel,
Noch einmal die Kanonen und Mörser der Feinde,
Noch einmal dröhnen meine Ohren von der Antwort unsrer Kanonen.
Ich nehme teil; sehe und höre alles;
Die Schreie, Flüche, das Gebrüll, den Beifall für wohlgezielte Schüsse;
Den Ambulanzwagen, der langsam vorüberfährt und seine rote Traufe hinter sich herzieht;
Die Arbeiter, welche Beschädigungen untersuchen und unerläßliche Reparaturen machen,
Das Fallen der Granaten durch das zerschmetterte Dach, ihr fächerförmiges Platzen;
Das Sausen von Gliedern, Köpfen, Steinen, Holz, Eisen, hoch in

der Luft.
Wieder gurgelt der Mund meines sterbenden Generals, wütend schwenkt er mit der Hand,
Durch geronnenes Blut keucht er: „Denkt nicht an mich – denkt – an die Schanzen!“

34.

Jetzt erzähl' ich, was ich von Texas wußte in meiner frühen Jugend,
(Nicht von dem Fall Alamos erzähl' ich,
Nicht ein einziger entkam, um von dem Fall Alamos zu berichten,
Die Hundertundfünfzig sind noch stumm in Alamo).
Es ist die Geschichte von der kaltblütigen Niedermetzelung von 412 jungen Leuten.
Auf dem Rückzug hatten sie ein Viereck gebildet mit ihrem Gepäckzeug als Brustwehr;
Draußen neunhundert Seelen umzingelnder Feinde, neunmal stärker als sie; das war der Preis, den sie im voraus nahmen.
Ihr Oberst war verwundet, ihre Munition war verschossen,
Sie verhandelten um eine ehrenvolle Kapitulation, empfingen Schrift und Siegel, legten ihre Waffen nieder und marschierten als Kriegsgefangene zurück.
Sie waren die Blüte des Jägervolkes,
Unvergleichlich im Reiten, Schießen, Singen, Schmausen und Werben;
Hochgewachsen, feurig, freigebig, schön, stolz und freundlich,
Bärtig, sonnengebräunt, in ihre freie Jägertracht gekleidet,
Nicht ein einziger über dreißig alt,
Am Morgen des zweiten Sonntags wurden sie in Rotten hinausgeführt und niedergemetzelt; es war ein lieblicher Frühsommer.
Das Werk begann um fünf Uhr und war zu Ende um acht Uhr.

Keiner gehorchte dem Befehl zu knieen;
Einige machten einen wilden und vergeblichen Anlauf, einige standen starr und aufrecht;
Wenige fielen sogleich, in die Schläfe oder ins Herz getroffen;
Lebendige und Tote lagen durcheinander;
Die Verstümmelten und Verwundeten wühlten im Schmutz, die frisch Ankommenden sahen sie so;
Ein paar Halbgetötete suchten beiseite zu kriechen;
Sie wurden mit Bajonetten abgetan oder mit dem Gewehrkolben niedergeschlagen;
Ein Jüngling, noch nicht siebzehn Jahre alt, packte seinen Mörder, bis zwei andere kamen, ihn zu befreien,
Allen dreien wurde die Kleidung herabgerissen und sie wurden befleckt mit des Jünglings Blut.
Um elf Uhr fing man an, die Leichen zu verbrennen.
Das ist die Geschichte von der Niedermetzelung der 412 Jünglinge.

35.

Möchtest du von einer Seeschlacht aus der alten Zeit hören?
Möchtest du erfahren, wer gewonnen hat beim Licht des Mondes und der Sterne?
Höre diese lange Geschichte, wie sie mir meiner Großmutter Vater, der Seemann, erzählt hat.
Unser Feind war keine Memme in seinem Schiff, kann ich dich versichern (erzählte er);
Sein war die rauhe englische Tapferkeit, und es gibt keine zähere und treuere, noch hat es eine gegeben oder wird es eine geben;
Als der Abend hereinbrach, kam er heran und gab uns eine mörderische Breitseite.
Wir legten uns dicht an ihn, die Rahen verwickelten sich ineinander, die Kanonen stießen zusammen,

Mein Kapitän band mit eigener Hand fest an.
Wir hatten einige achtzehnpfündige Kugeln unter Wasser bekommen,
Auf unserm untersten Kanonendeck waren beim ersten Feuern zwei große Geschütze geplatzt, die alles ringsherum töteten und nach oben zersprengten.
Kampf bei Sonnenuntergang, Kampf in der Dunkelheit.
Zehn Uhr nachts, bei Aufgang des Vollmondes; unsre Lecke nahmen zu, fünf Fuß Wasser berichtet;
Der Kommandant gibt die Gefangenen im Hinterraum frei, um ihnen Gelegenheit zu geben, sich selbst zu retten.
Der Weg vom und zum Pulvermagazin ist jetzt durch Wachen gesperrt.
Man sieht so viele fremde Gesichter; man weiß nicht, wem zu trauen ist.
Unsre Fregatte fängt Feuer.
Die andern fragen, ob wir Quartier verlangen.
Ob unsre Flagge gestrichen und der Kampf zu Ende ist.
Nun lache ich zufrieden; denn ich höre die Stimme meines kleinen Kapitäns:
„Es ist nicht gestrichen," ruft er gelassen, „wir fangen unsrerseits eben erst das Gefecht an!"
Bloß drei Geschütze sind brauchbar.
Eins wird vom Kapitän selbst gegen des Feindes Hauptmast gerichtet.
Zwei, gut bedient mit Kartätsche und Traubenschuß, bringen sein Musketenfeuer zum Schweigen und klären sein Deck.
Allein die Topps unterstützen das Feuer dieser kleinen Batterie, besonders der Großtopp;
Tapfer halten sie aus durch die ganze Aktion.
Nicht einen Moment lassen sie nach;
Die Lecke steigen schnell trotz des Pumpens, das Feuer frißt gegen die Pulvermagazine hin.
Eine der Pumpen ist weggeschossen worden; wir glauben alle,

daß wir sinken.
Ruhig steht der kleine Kapitän.
Er ist nicht in Eile; seine Stimme ist weder laut noch schwach.
Seine Augen leuchten heller als unsre Schlachtlaternen.
Gegen 12 Uhr, dort im Mondschein, ergeben sie sich uns.

36.

Weit und still liegt die Mitternacht.
Zwei große Rümpfe liegen regungslos im Schoß der Finsternis.
Unser Schiff ist durchlöchert und sinkt langsam; man bereitet sich vor, um auf das eroberte hinüberzugehn.
Der Kapitän erteilt auf dem Hinterdeck, mit einem Gesicht weiß wie ein Laken, kalt seine Befehle.
Dicht bei ihm die Leiche eines Jungen, der in der Kajüte bediente.
Das tote Antlitz eines alten Matrosen mit langen weißen Haaren und sorgfältig gekräuseltem Backenbart.
Die Flammen, trotz allem, was getan wird, flackern oben und unten.
Die heiseren Stimmen der zwei oder drei Offiziere, die noch dienstfähig sind.
Unförmliche Leichenhaufen und einzelne Leichen;
Fleischklümpchen an Masten und Rahen;
Zerschnittene Taue, baumelndes Takelwerk, leichte Stöße sanfter Wellen;
Schwarze, starre Geschütze; umherliegende Pulverpakete; scharfer Geruch,
Wenige große Sterne oben mit stillem, trübseligem Schimmer.
Zarte Düfte der Seeluft, Geruch nach Schilfgras und Ackerfeldern im Gestade; Aufträge Sterbender an die Überlebenden;
Gezisch von des Wundarztes Messer, die knirschenden Zähne seiner Säge;

Keuchen, Plätschern, Rieseln des Blutes; kurzer wilder
Aufschrei und langes, dumpfes verhallendes Stöhnen,
So war es! So! – Unwiderruflich!

37.

Ihr Faulenzer dort oben auf der Wache! Seht nach euren Waffen!
Sie drängen sich durch die eroberten Tore herein! Ich bin besessen!
Verkörpere in mir alle Wesen, geächtete und leidende;
Sehe mich selbst im Gefängnis in der Gestalt eines andern,
Fühle den dumpfen, ununterbrochenen Schmerz.
Meinetwegen schultern die Aufseher der Sträflinge ihre Gewehre und halten Wache;
Ich bin es, den man des Morgens herausläßt und des Nachts wieder einsperrt.
Nicht ein Meuterer wandelt mit Handschellen gefesselt ins Gefängnis, daß ich nicht selbst mit Handschellen an ihn gefesselt ihm zur Seite schritte;
(Ich bin weniger der lustige Kerl dort als vielmehr der Schweigsame, mit Schaum auf meinen zuckenden Lippen).
Nicht ein Knabe ist wegen Diebstahls verhaftet, ohne daß ich mit ihm vor Gericht ginge, gerichtet und verurteilt würde.
Nicht ein Cholera-Patient liegt in den letzten Zügen, daß nicht auch ich in den letzten Zügen läge;
Aschengrau ist mein Gesicht; meine Sehnen krümmen sich: die Leute scheuen vor mir zurück.
Bittende verkörpern sich in mir und ich in ihnen;
Ich strecke meinen Hut hin, sitze verschämt und bettle.

38.

Genug! Genug! Genug!
Ich war in irgendeiner Betäubung. Tretet zurück!
Gebt meinem zerschlagenen Kopf ein wenig Zeit, daß ich schlummere, träume, gähne.
Ich ertappe mich auf der Grenze meines gewohnten Irrtums.
Daß ich doch die Spötter und die Beleidigungen vergessen könnte!
Daß ich doch die rinnenden Tränen vergessen könnte, und die Schläge der Keulen und Hämmer!
Daß ich doch wie ein Unbeteiligter meine eigene Kreuzigung und blutige Krönung anschauen könnte!
Ich besinne mich jetzt;
Bei der übriggebliebenen Lücke setze ich wieder ein.
Das Felsengrab vervielfältigt das, was ihm anvertraut wurde oder irgend welchem andern Grabe.
Leichen stehen auf, Wunden heilen, Fesseln gleiten von mir ab.
Ich ziehe weiter, wieder mit höchster Kraft erfüllt; ein Einzelner in einem allgemeinen, unendlichen Zug,
Im Binnenland wandern wir und am Seegestade und überschreiten alle Grenzen.
Unsre schnellen Verordnungen nehmen ihren Weg über die ganze Erde.
Blüten tragen wir auf unsern Hüten, das Wachstum von Jahrtausenden.
Meine Schüler, seid gegrüßt! Kommt herbei!
Fahrt fort mit euren Anmerkungen, euren Fragen!

39.

Dieser freundliche und ungebundene Wilde, wer ist er?
Wartet er auf die Zivilisation, oder hat er sie hinter sich und ist ihr Meister?

Ist er einer aus Südwesten, im Freien erzogen? Ist er ein Kanadier?
Stammt er aus dem Mississippi-Gebiet? Jowa? Oregon? Kalifornien?
Aus dem Gebirge? Aus der Prärie? Dem Buschleben? Oder ein Seefahrer?
Überall, wo er hinkommt, nehmen ihn Männer und Frauen auf und verlangen nach ihm.
Sie verlangen, daß er sie gern habe, sie berühre, mit ihnen rede, bei ihnen bleibe.
Betragen frei wie Schneeflocken; Worte schlicht wie Gras; ungekämmter Kopf; Lachen und Naivität.
Langsam schreitende Füße; schlichte Gesichtszüge, schlichte Art und Äußerung.
Sie gehen in neuen Formen von seinen Fingerspitzen aus.
Sie wehen aus dem Hauch seines Körpers und Atems; gehen von seinen Blicken aus.

40.

Prahlender Sonnenschein, ich brauche deine Beleuchtung nicht – höre auf!
Dein Licht erfaßt nur die Oberflächen; ich aber bemeistere Oberflächen und Tiefen in gleicher Weise.
Erde, du scheinst etwas von mir zu erwarten?
Sprich, alte Haube, wo fehlt's?
Mann und Weib, gern möchte ich euch sagen, wie ich euch liebe; doch ich kann's nicht.
Und ich möchte sagen, was in mir ist, und was in euch ist; doch ich kann's nicht.
Und ich möchte mein Sehnen zum Ausdruck bringen, den Herzschlag meiner Tage und Nächte.
Sieh, ich gebe weder Vorlesungen noch Almosen.
Wenn ich gebe, gebe ich mich selbst.

Du da, kraftlos mit schlotternden Knien;
Tu' deine klapprigen Kinnladen auf, bis ich dir Kraft eingeblasen habe.
Breite deine Handflächen aus und lüfte die Klappen deiner Taschen.
Ich lasse mich nicht abweisen; ich bewältige dich; ich habe Vorrat genug und kann abgeben;
Und alles, was ich habe, verschenke ich.
Ich frage nicht, wer du bist, das ist mir unwichtig.
Du kannst nichts tun und nichts sein, so umfasse ich dich dennoch.
Zum Arbeiter im Baumwollfelde oder zum Abtrittausräumer zieht's mich hin,
Ich drücke den Bruderkuß auf seine rechte Wange,
Und schwöre in meiner Seele, daß ich ihn niemals verleugnen werde.
Zeugungstüchtigen Frauen mache ich stärkere und flinkere Kinder,
(Heute vergieße ich den Stoff zu weit übermütigeren Freistaaten.)
Zu einem Sterbenden eile ich hin und drehe den Türknopf auf,
Schlage die Bettdecke gegen das Fußende des Bettes hin zurück,
Lasse den Arzt und Priester nach Haus gehn.
Ich packe den hinscheidenden Mann und reiße ihn mit unwiderstehlicher Willenskraft empor.
Oh Verzweifelnder! Hier ist mein Hals!
Bei Gott, du sollst nicht untergehn! Hänge dich an mich mit deiner ganzen Last.
Ich fülle dich mit mächtigem Odem, ich mache dich flott.
Jeden Raum des Hauses erfülle ich mit einer bewaffneten Macht,
Meinen Freunden, Besiegern des Grabes.
Schlafe – ich und sie halten Wache die ganze Nacht.

Nicht Zweifel, nicht Tod soll wagen, auch nur einen Finger an dich zu legen.
Ich habe dich umarmt und hinfort besitze ich dich für mich;
Und wenn du am Morgen dich erhebst, so wirst du finden, daß es sich so verhält, wie ich sage.

41.

Ich bin es, der den Kranken Hilfe bringt, wenn sie stöhnend auf dem Rücken liegen,
Und für stramme, starke Männer bringe ich eine noch nötigere Hilfe.
Ich hörte, was über das Weltall berichtet wurde,
Hörte es und hörte es von manchem Jahrtausend.
Es ist soweit leidlich gut – doch, ist es alles?
Ich komme, vergrößere und vergleiche;
Und schon beim Ansatz überbiete ich die alten vorsichtigen Feilscher,
Indem ich selber die genauen Umrisse von Jehova annehme,
Lithographien herstelle von Kronos, Zeus, seinem Sohn, und Herkules, seinem Enkel;
Mir Skizzen kaufe von Osiris, Isis, Belus, Brahma, Buddha;
Lose in meine Mappe Manito hineinlege, Allah auf einem Blatt und einen Kupferstich des Gekreuzigten;
Mit Odin und dem scheußlichen Mexitli und jedem Idol und Abbild,
Die ich alle abschätze nach ihrem Wert und nicht um einen Deut mehr;
Indem ich zugebe, daß sie am Leben waren und ihr Tagwerk taten.
(Sie trugen Kerfe für noch nicht flügge Vögel, die jetzt selbständig sich erheben, fliegen und singen müssen.)
Ich nehme die rohen Entwürfe von Göttern an, um in mir selber vollkommenere auszuarbeiten, die ich an Männer und

Frauen verschenke, denen ich begegne;
Entdecke aber ebensoviel und mehr in einem Zimmerer, der das Gebälk eines Hauses richtet,
Und stelle höhere Anforderungen für die, welche mit aufgerollten Hemdsärmeln Schlägel und Meißel handhaben;
Verwerfe besondere Offenbarungen nicht und halte ein Rauchwirbelchen oder ein Härchen auf dem Rücken meiner Hand für ebenso merkwürdig wie irgendeine Offenbarung;
Burschen, die Feuerspritzen und Strickleitern bedienen, halte ich für nicht geringer als die Götter der alten Kriege,
Und lausche ihren Stimmen, die durch das Krachen der Verwüstung schallen,
Ihre sehnigen Glieder gehen unversehrt über verkohlte Latten hin, ihre weißen Stirnen bleiben unverletzt und heil von den Flammen,
Bei des Handwerkers Weib mit dem Kind an der Brust halte ich Fürbitte für jeden Geborenen;
Drei Sensen sausen in Reihe auf dem Erntefeld; sie sind geschwungen von drei rüstigen Engeln in Hemden, die sich auf den Hüften bauschen;
Der zahnlückige, rothaarige Stallknecht: er erlöst von begangenen und zukünftigen Sünden;
All seinen Besitz verkauft er, macht sich auf zum Advokaten, um für seinen Bruder zu bezahlen und neben ihm zu sitzen, während er wegen Fälschung gerichtet wird;
Was sonst auf das Breiteste gestreut war, ist jetzt auf die Quadratrute um mich her gestreut und vermag die Quadratrute noch nicht mal zu bedecken.
Der Stier und der Käfer sind noch nicht halbgenug verehrt;
Dung und Schmutz sind bewunderungswürdiger als man sich träumen läßt;
Das Übernatürliche bedeutet nichts – ich selbst warte bloß meine Zeit ab, um selbst einer der Allmächtigen zu werden;
Es naht der Tag, da ich ebensoviel Gutes wie die Besten

erreichen werde, und ebenso wunderbar sein werde.
Bei meinem Lebensklumpen! Schon werd' ich Schöpfer
Und nähere mich, jetzt und hier, dem verborgenen Schoß der Schatten.

42.

Ein Ruf in der Mitte der Menge;
Meine eigene Stimme, volltönig, entschieden und abschließend.
Kommt, meine Kinder!
Kommt, meine Knaben und Mädchen! Meine Frauen, Hausleute und Bekannten!
Jetzt gebraucht der Spieler erst seine Kraft; sein Vorspiel auf der Rohrflöte hat er beendet.
Flottgeschriebene Akkorde, leichtgegriffene – ich fühle den Vollklang eurer Steigerung und eures Schlusses.
Der Kopf schließt sich dem Nacken an.
Es wogt Musik, doch nicht von der Orgel.
Leute umgeben mich; doch aus meinem Hause sind sie nicht.
Immer der feste, dauernde Grund;
Immer die Esser und Trinker; immer Auf- und Untergang der Sonne; immer die Atmosphäre und unaufhörliche Wellen;
Immer ich und meine Nachbarn, erquicklich, schlicht, wirklich;
Immer die alte unerklärliche Frage; immer dieser dornige Daumen, jener Hauch von Kitzel und Durst;
Immer des Plagegeistes Spottruf, bis wir entdecken, wo der Schalk sich verrät und ihn hervorholen;
Immer Liebe, immer die quellende Feuchte des Lebens;
Immer die Binde unterm Kinn und die Bahre des Todes!
Hier und dort wandelt man mit Groschen vor den Augen,
Des Bauches Gier zu stillen und schenkt rückhaltlos sein Hirn aus.
Man kauft Billette, nimmt, verkauft, doch nicht einmal geht

man zum Festmahl hinein.
Viele schwitzen, pflügen, dreschen, um dann die Spreu zum Lohne zu erhalten,
Wenige Träge besitzen und sind die, welche immer den Weizen beanspruchen.
Hier ist die Stadt, und ich bin einer von ihren Bürgern;
Was immer die andern angeht, geht auch mich an; Politik, Krieg, Märkte, Zeitungen, Schulen;
Der Bürgermeister und die Räte, Banken, Tarife, Dampfschiffe, Fabriken, Aktien, Kaufläden, Grund- und persönliches Eigentum.
Die unzähligen Männchen, die da herumhüpfen in Kragen und Fräcken;
Ich weiß, wer sie sind (gewiß: sie sind weder Würmer noch Flöhe);
Ich erkenne meine Doppelgänger, der schwächste und seichteste ist ewig bei mir;
Was ich tue und sage, das erwartet auch sie;
Jeder Gedanke, der in mir zappelt, der zappelt auch in ihnen.
Ich kenne recht wohl meinen eigenen Egoismus,
Kenne meine alles verschlingenden Zeilen und darf nicht eine geringer schreiben;
Und möchte dich, wer immer du seist, an meine Seite holen.
Kein Wort der Routine ist dieser mein Sang,
Sondern jählings will er Fragen aufwerfen, will über sie hinausspringen und sie doch näher bringen;
Dies gedruckte und gebundene Buch: – doch der Buchdrucker und der Laufbursche der Druckerei?
Diese wohlgetroffenen Photographien: – aber dein Weib oder dein Freund, dicht und fest in deinem Arm?
Das schwarze, eisengepanzerte Schiff mit mächtigen Geschützen in seinen Türmen: – aber der Mut seines Kapitäns und seiner Maschinisten?
In den Häusern die Schüsseln, Eßwaren und Möbel: – doch der

Wirt und die Wirtin und der Blick aus ihren Augen?
Der Himmel dort oben: – aber hier und nebenan oder über der Straße?
Die Heiligen und Weisen der Geschichte: – doch wir selbst?
Predigten, Glaubensbekenntnisse, Theologie: – doch das unerforschliche menschliche Gehirn?
Und was ist Vernunft? Was Liebe? Was Leben?

43.

Ich verachte euch nicht, Priester aller Zeiten und über alle Erde;
Mein Glaube ist der größte und der geringste von allen.
Er schließt in sich den alten und den neuen Kult und jeden zwischen dem alten und neuen;
Ich glaube, daß ich nach 5000 Jahren wieder auf der Erde erscheinen werde.
Ich warte auf die Antwort der Orakel, verehre die Götter, grüße die Sonne;
Mache einen Fetisch aus dem ersten besten Baumstumpf, tanze die Knüttelbeschwörung im Kreise der Obi,
Helfe dem Lhama oder Brahminen die Lampen der Götterbilder putzen;
Tanze durch die Straßen in der Phallus-Prozession, verzückt und streng weile ich in den Wäldern, ein Gymnosoph,
Trinke Met aus dem Hirnschädelbecher, bewundere die Shastas und Veden, achte den Koran;
Steige auf die Teokalli, die von Stein und Messer mit Blut befleckt sind und schlage die Schlangenhauttrommel;
Akzeptiere die Evangelien, akzeptiere den Gekreuzigten und weiß ganz gewiß, daß er göttlich ist;
Ich kniee bei der Messe, oder stehe beim Gebet der Puritaner, oder sitze geduldig in einem Kirchenstuhle;
Ich tobe und schäume in der Krisis meines Wahnsinns, oder

warte todähnlich, bis der Geist mich erweckt;
Ich blicke hinaus auf das Pflaster oder in das Land, oder noch über Pflaster und Land hinaus,
Und gehöre zu denen, die den Kreis der Kreise runden.
Einer von der zentripetalen oder zentrifugalen Rotte, wende ich mich um und rede wie einer, der vor einer Abreise Aufträge erteilt.
Niedergeschlagene Zweifler, trübsinnig und ausgestoßen,
Frivol, mürrisch, verdrossen, zornig, gerührt, entmutigt, atheistisch:
Einen jeden von euch kenn' ich; ich kenne das Meer von Pein, Zweifel, Verzweiflung, Unglauben.
Wie die Flossen plätschern!
Wie sie sich krümmen, schnell und blitzend, mit Zuckungen und Strahlen von Blut!
Seid ruhig, blutige Flossen der Zweifler und der mürrischen Indolenten!
Ich nehme meinen Platz unter euch so gut als unter irgendwelchen von den andern:
Die Vergangenheit ist euer, mein, aller Streben, ganz das gleiche,
Und was noch unversucht und in der Zukunft ist, ist für euch, mich, alle genau das gleiche.
Ich weiß nicht, was dies Unversuchte und Zukünftige ist:
Doch ich weiß, es wird sich zu seiner Zeit als hinreichend erweisen, es kann nicht fehlen.
Alles, was vergeht, ist in Betracht gezogen, alles, was verharrt, ist in Betracht gezogen, kein einziges kann ausgenommen sein.
Unverloren ist der Jüngling, der starb und begraben ward;
Unverloren das junge Weib, das starb und ihm an die Seite gelegt wurde;
Unverloren das Kindchen, das zur Tür hereinblickte, sich dann zurückzog und nicht mehr gesehen wurde;
Und der Greis, der zwecklos lebte, und der dies mit einer

Bitterkeit empfand, die schlimmer ist als Galle;
Und der Armenhäusler, der tuberkulös ist vom Schnaps und der schlechten Krankheit;
Und die zahllosen Niedergemetzelten und Gescheiterten, und der tierische Auswurf, der Abschaum der Menschheit genannt wird;
Und die Beutel, die nur so mit offnem Maul umherschwimmen, damit Speise hineinschlüpfe;
Noch ist irgend etwas verloren auf der Erde, oder unten in den ältesten Gräbern der Erde;
Noch irgend etwas in den Myriaden von Sphären, noch die Myriaden und Aber-Myriaden ihrer Bewohner;
Noch die Gegenwart, noch der geringste Wisch, den man kennt.

44.

Es ist Zeit, daß ich mich erkläre. – Erheben wir uns!
Das Bekannte streif ich ab,
Ich reiße alle Männer und Frauen mit mir vorwärts ins Unbekannte.
Die Uhr zeigt den Augenblick – was aber zeigt die Ewigkeit?
Bis hierher haben wir Trillionen von Wintern und Sommern erschöpft,
Es liegen noch Trillionen vor uns, und noch weitere Trillionen vor diesen.
Geburten haben uns Fülle gebracht und Mannigfaltigkeit,
Und andere Geburten werden uns Fülle bringen und Mannigfaltigkeit.
Ich nenne kein einziges größer oder kleiner;
Das, was seine Zeit und seine Stelle erfüllt, ist jedem anderen gleich.
Waren die Menschen mordgierig oder eifersüchtig gegen dich, mein Bruder, meine Schwester?

Es tut mir um dich leid; gegen mich sind sie nicht mordgierig oder eifersüchtig.
Mir gegenüber war alles sanft, ich führe keine Rechnung mit der Klage. (Was habe ich mit Klagen zu tun?)
Ich bin ein Gipfel vergangener Dinge und schließe werdende Dinge in mich ein.
Meine Füße betreten eine Höhe der Treppenhöhen,
Auf jeder Stufe Büschel von Zeitaltern, und größere Büschel zwischen den Stufen,
Alles unten richtig durchreist, und noch steig' ich und steige.
Aufstieg hinter Aufstieg verneigen sich die Phantome hinter mir;
Tief unten gewahre ich das ungeheure Urnichts; ich weiß, auch ich war da.
Ungesehen und beständig wartete ich und durchschlief die betäubenden Dünste,
Nahm mir Zeit und der stinkende Kohlenstoff tat mir keinen Schaden.
Lange ward ich in fester Umarmung gehalten – lange und lange.
Ungeheuer sind die Vorbereitungen für mich gewesen,
Treu und freundlich die Arme, die mir halfen.
Kreisläufte trugen meine Wiege, ruderten und ruderten wie muntere Bootsleute;
Um mir Platz zu machen, hielten die Sterne seitwärts in ihren Bahnen;
Sie entsandten Kräfte, um das zu bereiten, was mich tragen sollte.
Ehe ich von meiner Mutter geboren ward, leiteten mich die Zeitalter.
Mein Embryo ist niemals erstarrt gewesen, nichts vermochte ihn zu erdrücken.
Um seinetwillen zog sich der Sternennebel in eine Kugel fest zusammen.

Langsam türmte sich Schicht auf Schicht, ihm ein Ruhebett zu bereiten.
Ungeheure Pflanzen gaben ihm Nahrung.
Riesige Saurier trugen ihn in ihrem Rachen und setzten ihn sorgfältig nieder.
Alle Kräfte wurden beständig benutzt, um mich zu vervollständigen und zu entzücken;
Jetzt, auf dieser Stelle, steh' ich mit meiner rüstigen Seele.

45.

Oh Spanne der Jugend! Stets gespannte Elastizität!
Oh Mannesalter, harmonisch blühend und voll!
Meine Geliebten ersticken mich;
Sie bedrängen meine Lippen, wimmeln in den Poren meiner Haut.
Sie stoßen mich an in den Straßen und den öffentlichen Hallen, kommen nackt zu mir in der Nacht;
Sie rufen am Tage Hallo! Vom Felsen beim Fluß, schaukeln und zwitschern über meinem Haupte,
Rufen meinen Namen von Blumenbeeten her, aus Reben und Gewirr des Unterholzes;
Lassen sich nieder auf jeden Augenblick meines Lebens,
Küssen meinen Leib mit sanften, balsamischen Küssen,
Bringen mir leise mit vollen Händen ihr Herz und geben es mir zum Eigentum.
Oh Greisenalter, das herrlich aufsteigt! Oh willkommen, unaussprechliche Anmut hinschwindender Tage!
Ein jeder Zustand verkündet nicht bloß sich selbst: er verkündet auch das, was nach ihm und aus ihm ferner werden soll.
Und das stille Dunkel verkündet ebensoviel wie irgend etwas anderes.
Ich öffne nächtens meine Dachlucke und erblicke die weit

ergossenen Systeme,
Und alle, die ich sehe, multipliziert, so hoch ich rechnen kann, grenzen bloß an den Rand der ferneren Systeme.
Weiter und weiter verbreiten sie sich; mit ewigem Wachstum, Auswärts und auswärts und ewig auswärts.
Meine Sonne hat ihre Sonne und umkreist sie gehorsam.
Sie schließt sich mit ihren Gefährten an eine Gruppe von größerem Bahnkreis,
Und noch größere Scharen folgen, die die größten der inneren Scharen zu Tüpfelchen machen.
Da gibt es keinen Stillstand, noch kann es je einen Stillstand geben.
Wenn es, du und die Welten und alles, was unter uns oder auf ihrer Oberfläche ist, in diesem Augenblick in die bleiche Flut zurück- und hinabgebracht würde, so würde das doch auf die Dauer nichts ausmachen.
Sicher würden wir wieder da heraufkommen, wo wir jetzt stehen,
Und sicher noch um so viel weitergehen, und dann weiter und noch weiter.
Ein paar Quadrillionen von Zeitaltern, ein paar Oktillionen von Quadratmeilen – das gefährdet nicht die Spannweite, noch macht es sie ungeduldig.
Sie sind bloß Teile, jedwedes ist nur ein Teil.
Blicke so weit du kannst – darüber hinaus ist grenzenloser Raum,
Zähle so hoch du kannst – rundum ist unermeßliche Zeit.
Mein Stelldichein ist festgesetzt, das ist gewiß.
Der Herr wird dort sein und warten, bis ich komme unter den richtigen Bedingungen;
Der große Kamerad, der treue Liebende, nach dem ich mich sehne; er wird dort sein.

46.

Ich weiß, daß ich von Zeit und Raum das Beste habe, und daß ich nimmer gemessen wurde, noch je gemessen werde.
Ich wandere eine ewige Reise. (Kommt und hört alle!)
Meine Abzeichen sind ein regendichter Rock, feste Schuhe und ein Stab, im Walde geschnitten.
Keiner meiner Freunde sitzt bequem auf meinem Stuhl;
Ich habe weder Stuhl, noch Kirche, noch Philosophie.
Ich führe niemand zu Tisch, in die Bibliothek, in die Börse;
Aber einen jeden Mann und ein jedes Weib unter euch führe ich auf eine Höhe;
Meine linke Hand faßt dich rund um den Leib,
Meine rechte Hand zeigt auf Landschaften von Kontinenten und die offene Landstraße.
Nicht ich und kein einziger andrer kann die Straße für dich reisen;
Du mußt sie für dich selber reisen.
Sie ist nicht weit, sie hat keine Ausdehnung.
Vielleicht bist du auf ihr gewesen seit deiner Geburt, ohne es zu wissen.
Vielleicht ist sie überall, auf dem Wasser und auf dem Lande.
Nimm dein Pack auf den Rücken, lieber Sohn, wie ich das meine, und laß uns forteilen,
Wunderbare Städte und freie Völker werden wir unterwegs erreichen.
Wenn du müde wirst, so gib mir beide Bürden und stütze deine Hand fest auf meine Hüfte,
Und später sollst du mir den gleichen Dienst erweisen,
Denn wenn wir erst aufgebrochen sind, ruhen wir nie mehr aus.
Heute vor Sonnenaufgang bestieg ich einen Hügel und betrachtete das wimmelnde Himmelszelt,
Und ich sprach zu meiner Seele: wenn wir alle diese Welten

umfassen werden, und die Freude und das Wissen jeglichen Dinges, das auf ihnen, werden wir dann gefüllt und befriedigt sein?
Und meine Seele sprach: Nein, wir ersteigen diese Höhe nur, um sie hinter uns zu lassen und darüber hinaus fortzufahren.
Du auch stellst mir Fragen, und ich höre sie;
Ich antworte, daß ich nicht antworten kann, du mußt dich selbst herausfinden.
Setze dich eine Weile, lieber Sohn;
Hier ist Zwieback zu essen und hier Milch zu trinken.
Doch sobald du schläfst und dich mit frischen Kleidern erquickst, so küß' ich dich mit einem Abschiedskuß und öffne die Tür für deinen Ausgang.
Lange genug hast du verächtliche Träume geträumt,
Nun wasch' ich dir den Schleim aus den Augen;
Du mußt dich an das Blenden des Lichtes und einen jeden Augenblick deines Lebens gewöhnen.
Lange bist du furchtsam gewatet, an eine Planke dich klammernd, dicht am Ufer hin;
Jetzt will ich, daß du ein mutiger Schwimmer werdest,
Abspringst mitten in die See, wieder auftauchst, mir zunickst, jauchzest und lachend das Wasser aus deinem Haar schüttelst.

47.

Ich bin der Lehrer der Athleten.
Der, der mir eine breitere Brust als die meine zeigen kann, beweist nur die Breite der meinen.
Der ehrt meinen Stil am meisten, der durch ihn lernt, den Lehrer abzutun.
Der Knabe, den ich liebe, der wird ein Mann nicht durch ererbte Macht, sondern durch sein eigenes Recht,
Gottlos lieber als tugendhaft aus Anbequemung oder Furcht;
Er liebt sein Schätzchen, genießt mit Appetit seinen Braten;

Unerwiderte Liebe oder Geringschätzung schmerzen ihn schärfer als harter Stahl schneidet,
Er ist ein Meister im Reiten, Fechten, im Schießen nach der Scheibe, im Segeln, Singen und Spielen,
Er zieht Narben, Barte und pockennarbige Gesichter allen Glattgesichtern vor,
Und die Sonngebräunten denen, die sich im Schatten halten.
Ich lehre euch, mich zu verlassen – doch wer ist imstande, mich zu verlassen?
Ich folge dir von diesem Augenblick an, wer immer du sein magst.
Meine Worte jucken dir das Ohr, bis du sie verstehst.
Ich sage diese Dinge nicht um eines Dollars willen oder um mir die Zeit zu vertreiben, während ich auf ein Boot warte,
(Du bist es, der spricht, ebensogut als ich; ich bin nur deine Zunge,
Gebunden in deinem Mund, beginnt sie in meinem sich zu lösen.)
Ich schwöre, ich werde nie wieder die Liebe oder den Tod in meinem Hause erwähnen,
Und ich schwöre, ich werde mich nie mehr verdolmetschen außer zu dem Manne oder dem Weibe, das mit mir allein im Freien weilt.
Wenn du mich verstehen willst, so begib dich mit mir auf die Höhen oder an das Seegestade,
Die erste beste Mücke ist eine Erklärung, und ein Tropfen oder eine Bewegung der Wellen ist ein Schlüssel,
Der Schlaghammer, das Ruder, die Handsäge, bekräftigen meine Worte.
Kein geschlossener Raum, keine Schule kann mit mir verkehren,
Doch gemeines Volk und kleine Kinder eher als sie.
Der junge Arbeiter steht mir am nächsten, er kennt mich wohl;
Der Hinterwäldler, der seine Axt und seinen Krug mit sich

nimmt, wird auch mich für den ganzen Tag mitnehmen;
Der Ackerknecht, der im Felde pflügt, fühlt sich wohl beim Klange meiner Stimme;
In segelnden Schiffen segeln auch meine Worte; ich gehe mit Fischern und Seeleuten und liebe sie.
Mein ist der Soldat im Lager und auf dem Marsch,
In der Nacht vor Beginn der Schlacht suchen viele mich auf, und ich täusche sie nicht;
In solch feierlicher Nacht (es ist vielleicht ihre letzte) suchen mich die auf, die mich kennen.
Mein Gesicht reibt sich an des Jägers Gesicht, wenn er sich allein in seiner Decke niederlegt;
Der Fuhrmann, wenn er an mich denkt, achtet nicht auf das Rütteln seines Wagens;
Die junge wie die alte Mutter verstehen mich;
Das Mädchen und die Frau lassen einen Augenblick die Nadel ruhen und vergessen, wo sie sind.
Sie und alle möchten überdenken, was ich ihnen gesagt habe.

48.

Ich habe gesagt, die Seele sei nicht mehr als der Leib;
Und ich habe gesagt, der Leib sei nicht mehr als die Seele.
Und nichts, selbst Gott nicht, sei größer als man selbst ist.
Und wer immer eine Stunde ohne Mitgefühl wandert, der wandert zu seinem eigenen Begräbnis in sein Leichentuch gehüllt;
Und ich oder du können, ohne einen Groschen in der Tasche, das Köstlichste auf der Erde kaufen,
Um mit dem Auge aufzublicken oder eine Bohne zu zeigen in ihrer Schale, werfe ich die Gelehrsamkeit aller Zeiten über den Haufen,
Und daß es keinen Gegenstand gebe so weich, daß er nicht eine Radnabe für das kreisende Weltall abgeben könnte;

Und zu irgendeinem Manne oder einem Weibe sage ich: Laßt eure Seele ruhig und gelassen vor einer Million von Weltalls stehen.
Und ich sage den Menschen: Seid nicht neugierig nach Gott,
Denn ich, der ich doch neugierig nach allem bin, bin doch nicht neugierig nach Gott,
(Kein Wortschwall vermag den Frieden auszusprechen, in dem ich mit Gott und mit dem Tode stehe.)
Ich höre und sehe Gott in jeglichem Gegenstand, doch begreif ich Gott nicht im mindesten;
Noch begreif ich, wie es jemand geben könnte, der wunderbarer wäre als ich selbst.
Weshalb sollte ich Gott besser zu sehen wünschen als heute?
Ich sehe etwas von Gott jede Stunde von den vierundzwanzig des Tages und jeden Augenblick derselben;
Ich sehe Gott in dem Gesicht von Mann und Weib, und in meinem Antlitz im Spiegel;
Ich finde Briefe von Gott, die er auf die Straße fallen ließ, und ein jeder ist mit Gottes Namen gezeichnet;
Ich lasse sie liegen, wo sie sind, denn ich weiß, wohin ich auch gehe:
Andre werden ankommen, pünktlich, immer und ewig.

49.

Und was dich, o Tod, betrifft; und dich, bittere Umarmung der Sterblichkeit: vergeblich suchst du mich zu erschrecken.
Zu seiner Arbeit eilt entschlossen der Geburtshelfer;
Ich sehe seine Rechte, wie sie drückt, empfängt und unterstützt;
Ich biege mich auf die Schwellen der feinen, elastischen Türen nieder,
Und bemerke die Ausfahrt, die Erleichterung und das Entweichen.

Und Leiche, was dich betrifft, so denke ich, du gibst einen guten Dünger; doch ist mir das nicht anstößig.
Ich rieche die weißen Rosen, die süßduftenden, schwellenden,
Ich greife nach den Lippen des Laubes, ich greife nach der glatten Brust der Melonen.
Und Leben, was dich betrifft, so glaub' ich, du bist das Resultat von vielen Todesfällen.
(Ohne Zweifel bin ich selbst vordem schon zehntausendmal gestorben.)
Ich höre mich dort flüstern, o Sterne des Himmels!
Oh Sonne! – Oh Gras auf Gräbern! – Oh unablässiger Übergang und Beförderung!
Wenn ihr nichts sagt, wie könnte ich was sagen?
Von dem trüben Teich, der inmitten des herbstlichen Forstes liegt,
Von dem Monde, der niedersteigt in die Abgründe der sausenden Morgendämmerung, –
Sprüht, ihr Funken des Tages und des Dunkels! – Sprüht auf den morschen Stämmen, die im Schlamm verfaulen,
Hüpft beim ächzenden Knarren der trockenen Äste.
Ich steige vom Monde aufwärts, aufwärts von der Nacht;
Ich sehe, der geisterhafte Flimmer ist eines ewigen Mittags Abglanz,
Und er mündet ins Dauernde und Zentrale, vom Ursprung des Großen und des Kleinen her.

50.

Es gibt etwas in mir – ich weiß nicht, was es ist – aber ich weiß, es ist in mir;
Verrenkt und schweißig, – still und kühl wird dann mein Leib.
Ich schlafe. – Ich schlafe lange.
Ich kenne es nicht – es ist ohne Namen – es ist ein unausgesprochenes Wort,

Es findet sich in keinem Wörterbuch, keiner Äußerung, keinem Symbol.
Um irgend etwas dreht es sich, das mehr ist als meine Erde;
Sein Freund ist die Schöpfung, deren Umarmung mich erweckt.
Vielleicht könnte ich mehr sagen. Umrisse! Ich flehe für meine Brüder und Schwestern.
Seht ihr nicht meine Brüder und Schwestern?
Es ist nicht Chaos oder Tod – es ist Gestalt, Einheit, Bestimmung; es ist ewiges Leben – Glückseligkeit.

51.

Vergangenheit und Gegenwart schwinden – ich habe sie gefüllt, habe sie geleert;
Und fahre fort, meine nächste Falte der Zukunft auszufüllen.
Lauscher dort oben, was hast du mir anzuvertrauen?
Schau' mir ins Gesicht, während ich die Abendkühle einatme,
(Sprich aufrichtig, es hört dich außer mir niemand, und nur eine Minute verweile ich länger.)
Wie? Ich widerspreche mir selbst?
Nun gut, so widerspreche ich mir selbst.
(Ich bin ja umfangreich, ich enthalte Massen.)
Es zieht mich zu denen, die in der Nähe sind, ich warte auf der Türschwelle.
Wer hat sein Tagewerk verrichtet? Wer wird am ersten mit seinem Abendessen fertig sein?
Wer möchte mit mir einen Gang machen?
Willst du sprechen, eh' ich fortgehe? Oder ist es bereits zu spät?

52.

Die Falkeneule schweift vorbei und klagt mich an; sie beschwert sich über mein Plaudern und Zögern.

Ich bin auch gar nicht zahm, bin auch unübersetzbar;
Ich lasse mein barbarisches Geschrei erschallen über die Dächer der Welt.
Des Tages letzter Schimmer verweilt noch um meinetwillen.
Er legt mein Ebenbild mit andern und treu wie irgendeins auf die schattendunkle Wildnis;
Es lockt mich in Nebel und Dunkel hinein.
Ich scheide wie die Luft; ich schüttle meine weißen Locken gegen die enteilende Sonne hin;
Ich ergieße mein Fleisch in Wirbeln und lasse es hintreiben in fadigen Streifen.
Ich vermache mich dem Schmutz, um aus dem Grase, das ich liebe, emporzutreiben;
Wenn du mich wieder brauchst, so suche mich unter deinen Stiefelsohlen.
Kaum wirst du wissen, wo ich bin, oder was ich meine;
Trotz allem aber werde ich dir gut bekommen,
Und klären und kräftigen dein Blut.
Wenn du mich nicht sogleich verstehst, bleibe dennoch guten Mutes.
Findest du mich nicht an einer Stelle, so suche mich an einer andern.
Irgendwo halte ich mich auf und warte auf dich.

Von Long Island geh' ich aus

1.

Von Long Island geh' ich aus, wo ich geboren wurde,
Wohlerzeugt und von einer vollkommenen Mutter erzogen,
Und nachdem ich manch' ein Land durchschweift; ein Freund volkreichen Pflasters
In Mannahatta gewohnt, meiner Stadt, oder auf den Savannen

des Südens,
Oder gelagert als Soldat, mit Tornister und Gewehr; oder als Goldgräber in Kalifornien,
Oder in Dakotas unwirtlichen Wäldern gesiedelt, Fleisch meine Kost, mein Trank vom Quell;
Oder zurückgezogen, um nachzudenken und zu sinnen in irgendeinem tiefen Versteck,
Vom dröhnenden Gewühl fernab Stunden seliger Entrücktheit verbracht;
Sah den frischen, freien Geber, den strömenden Missouri, den gewaltigen Niagara,
Die Büffelherden, die auf den Ebenen grasen, den zottigen, starkbrüstigen Bullen;
Boden, Felsen, des fünften Monats Flor; Sterne, Regen, Schnee mein Erstaunen;
Vertraut mit den Weisen der Spottdrossel und mit des Bergfalken Flug,
Und an jenem unvergleichlichen Abend der Hermitdrossel gelauscht in den Sumpfzedern:
Sing' ich, einsam, jetzt im Westen und erhebe meine Stimme für eine neue Welt.

2.

Sieg, Einheit, Glaube, Identität, Zeit,
Die unlöslichen Verträge, Reichtum, Geheimnis,
Ewiger Fortschritt, der Kosmos, und die Berichte der Neuzeit.
Dies also ist Leben!
Und dies also trat nach so viel Wehen und Kämpfen zutage!
Wie seltsam! Wie wirklich!
Unter den Füßen der göttliche Erdboden; über Häupten die Sonne.
Sieh, es dreht sich der Erdball.
In der Ferne gruppieren sich miteinander die Ahn-Kontinente,

Und in Nord und Süd die Kontinente der Gegenwart und Zukunft, mit dem Isthmus dazwischen.
Sieh, ungeheure pfadlose Räume!
Wie in einem Traum verändern sie sich, füllen sich schnell;
Zahllose Massen ergießen sich über sie hin;
Und schon sind sie bedeckt mit dem vorgeschrittensten Volk,
Künsten, und Institutionen, den ersten von allen, die man kennt.
Sieh, so wurde mir durch die Zeiten her
Eine unbegrenzte Zuhörerschaft bereitet.
Mit festem Taktschritt ziehen sie hin, nimmer machen sie Halt;
Scharen und Scharen von Menschen folgen einander;
Amerikaner, einhundert Millionen;
Ein Geschlecht: es spielt seine Rolle und schwindet;
Ein andres Geschlecht: es spielt seine Rolle und schwindet in der Reihe,
Das Antlitz seitwärts gewandt oder nach mir zurück, um zu lauschen,
Mit Augen, die nach mir zurückblicken.

3.

Amerikaner! Eroberer! Märsche der Menschheit!
Vorderste! Jahrhundertsmärsche! Libertad! Massen!
Für euch ein Programm von Gesängen!
Gesänge von den Prärien,
Gesänge von dem breithinströmenden Mississippi bis hinab zum mexikanischen Meer,
Gesänge von Ohio, Indiana, Illinois, Jowa, Wisconsin und Minnesota,
Gesänge, die vom Zentrum, von Kansas ausgehen und von dorther gleichmäßig nach allen Seiten,
Gesänge, die mit endlosen Feuerpulsen zucken, um alles mit Leben zu erfüllen.

4.

Nimm meine Blätter, Amerika; nimm sie, Süd, und nimm sie, Nord!
Heiße sie willkommen, überall; denn einzig sind sie deines Ursprungs.
Umschließt sie, Ost und West; denn sie möchten auch euch umschließen!
Und ihr Ahnen! liebevoll verknüpft euch mit ihnen, denn liebevoll verknüpfen sie sich mit euch!
Ich erforschte die Zeiten;
Saß zu den Füßen der großen Meister und lernte:
Jetzt, o wie wünschte ich, daß die großen Meister wiederkehren und euch lesen könnten!
Sollte ich dieser Staaten wegen das Altertum verachten?
Ei, sie sind ja die Kinder des Altertums und sollen es rechtfertigen.

5.

Ihr toten Dichter, Philosophen, Priester,
Märtyrer, Künstler, Erfinder, ihr längst vergangenen Regierungen,
Ihr Sprachschöpfer andrer Gestade.
Nationen, einst mächtig, jetzt herabgekommen oder verödet:
Ich darf nicht weitergehen, bevor ich nicht mit Ehrfurcht euer Vermächtnis an uns anerkannt habe.
Ich habe es geprüft, und ich gestehe (nachdem ich mich einige Zeit darin umgetan), daß es bewunderungswürdig ist.
Ich meine, es kann gar nichts Größeres geben und nichts kann jemals verdienstvoller sein.
Eine Zeitlang betrachtete ich es mit aller Aufmerksamkeit, dann aber ließ ich es fahren,
Und stehe nun mit meiner Zeit hier an meiner eigenen Stelle.

Hier sind Länder mit Weib und Mann;
Hier sind die Erben und Erbinnen der Welt; hier ist lebenswarmer Rohstoff,
Hier ist die richtunggebende, frei ausgesprochene Geistigkeit,
Ewig strebende, die Krone der sichtbaren Erscheinungen,
Stillende, die nach langem, gehörigem Warten jetzt wieder vorschreitet;
Ja, hier kommt meine Herrin, die Seele!

6.

Die Seele!
Ewig und ewig! Länger als der Erdboden braun und fest bleibt, länger als Wasser ebbt und flutet.
Ich werde die Gedichte der Materie dichten, denn ich denke, sie sind dazu angetan, die besten Gedichte der Geistigkeit zu sein;
Und ich werde die Gedichte meines Leibes und der Sterblichkeit dichten,
Denn ich denke, solchermaßen werde ich mich am besten mit den Gedichten meiner Seele und der Unsterblichkeit ergänzen.
Einen Gesang will ich weiter singen für diese Staaten, daß kein einzelner Staat unter welchen Umständen auch immer irgendeinem andern Staat unterworfen sei,
Und einen Gesang will ich singen, daß Freundschaft sei zwischen allen Staaten bei Tag und bei Nacht, wie zwischen zweien unter ihnen,
Und ein Lied will ich singen für die Ohren des Präsidenten, das von Waffen und drohenden Spitzen starrt
Und hinter den Waffen zahllose unzufriedene Gesichter zeigt;
Und ein Lied will ich singen von der Einheit, die durch alle zustande kommt,
Der bewehrten, schimmernden Einheit, deren Haupt über alle ragt,

Der entschlossenen kriegerischen Einheit, die alle in sich beschließt und über ihnen steht,
(Wie hoch auch jemals immer das Haupt von irgendeinem ragte, dies Haupt ist über allen).
Ich werde die zeitgenössischen Lieder anerkennen;
Ich werde die ganze Geographie des Erdballs mustern und alle Städte, groß und klein, mit höflicher Achtung begrüßen;
Und ihr Berufe! Ich werde in meinen Gedichten verzeichnen, daß mit euch Heldentum ist zu Wasser und zu Land,
Und über alles Heldentum werde ich berichten von einem amerikanischen Gesichtspunkt aus.
Ich werde das Lied der Kameradschaft singen;
Zeigen werde ich, was schließlich einzig diese Staaten eint.
Ich glaube, sie sind im Begriff, ihr eigenes Ideal von männlicher Liebe zu festigen, und ich soll sein Verkünder sein;
Ich will also die glühenden Feuer aus mir hervorlodern lassen, die mich zu verzehren drohten,
Abwarten werd' ich, was diese lodernden Flammen allzulange drückte,
Ich werde ihnen völlig freien Lauf geben;
Ich will das Evangelium von der Kameradschaft und der Liebe singen,
Denn wer sonst, wenn nicht ich, sollte die Liebe mit all ihren Schmerzen und Wonnen begreifen,
Und wer außer mir sollte der Dichter der Kameradschaft sein?

7.

Ich bin der, der an Tüchtigkeit glaubt, an Zeitalter und Rassen,
Aus dem Volke tret' ich hervor im Geist des Volkes,
Hier ist das Lied unbegrenzter Zuversicht.
Omnes! Omnes! Laß andere übersehen, was sie wollen,
Ich verfasse euch das Lied des Bösen, ich erinnere auch daran;
Und ich selber bin ebenso bös wie gut, und so auch mein Volk

– und ich sage: in Wirklichkeit gibt es überhaupt nichts Böses;
(Oder wenn doch, so sag' ich, daß es dir, dem Land oder mir ebenso wichtig ist wie irgend etwas anderes.)
Ich auch, indem ich vielen folge und gefolgt von vielen, verkünde eine Religion; ich steige in die Arena hinab,
(Es mag sein, daß gerade ich bestimmt bin, hier den vernehmlichsten Ruf erschallen zu lassen, des Siegers hallenden Triumphschrei.
Wer weiß? Vielleicht nehmen sie gerade durch mich ihren Aufstieg und erheben sich über alles empor?)
Nichts ist einzig seiner selbst willen da:
Ich sage, die ganze Erde und alle Gestirne am Firmament sind um der Religion willen da.
Ich sage, kein Mensch ist noch halb genug andächtig gewesen,
Und keiner hat bisher auch nur halb genug verehrt und angebetet;
Und keiner noch hat zu denken begonnen, wie göttlich er selbst ist und wie zuverlässig die Zukunft ist.
Ich sage, daß die wahrhafte und dauernde Größe dieser Staaten in ihrer Religiosität liegen muß,
Anders gibt es überhaupt keine wahre und dauernde Größe.
(Weder Charakter noch Leben sind ihres Namens würdig ohne Religion;
Weder Land noch Mann noch Weib ohne Religion.)

8.

Was tust du, junger Mann?

Bist du so ernst, so ergeben der Literatur, der Kunst, der Liebe?
Diesen äußerlichen Wirklichkeiten, der Politik und den Problemen?
Deinem Ehrgeiz, deinem Geschäft, worin immer sie bestehen mögen?

Es ist gut – ich sage gegen solcherlei nicht ein Wort; auch deren Dichter bin ich;
Doch sieh! Schnell schwindet es und wird es aufgezehrt um der Religion willen;
Denn nicht im höheren Grade ist aller Stoff Nahrung für die Glut der unberührbaren Flamme, das wesentlichste Leben der Erde,
Als solch' alles für die Religion.

9.

Wonach suchst du so still und gedankenvoll?
Was entbehrst du, Kamerado?
Lieber Sohn, glaubst du, es sei die Liebe?
Höre, lieber Sohn! Höre, Amerika, Tochter oder Sohn!
Einen Mann oder ein Weib im Überschwang zu lieben, ist ein schmerzlich Ding; und dennoch befriedigt es, und es ist erhaben;
Ein andres aber erst ist wahrhaft erhaben, und was allen erst seinen Zusammenhang gibt,
Glorreich schweift es über alle Dinge hinaus und sorgt für alles mit nimmermüden Händen.

10.

Wisse, einzig um die Keime einer größeren Religion in die Erde zu senken,
Singe ich die folgenden Gesänge, einen jeden nach seiner Art.
Mein Kamerad!
An zwei Hoheiten sollst du mit mir Anteil haben, und an einer dritten, die, doch glänzender, mit ihnen zugleich sich erhebt:
Die Hoheiten der Liebe und der Demokratie und die Hoheit der Religion.
Diese, mir eigene Mischung, das Unsichtbare und Sichtbare,

Der geheimnisvolle Ozean, in den alle Ströme münden,
Der geheimnisvolle Geist, der von den Dingen ausgeht und mich umflackert,
Die lebendigen, identischen Wesen, zweifellos ganz nahe bei uns in der Luft, wir wissen es nur nicht;
Die tägliche und stündliche Berührung, die mich nicht losläßt,
Sie erwählen mich, sie werden durch leise Winke von mir verlangt.
Nicht er, der mit täglichem Kuß von Kindheit an bis hierher mich geküßt,
Hat in höherem Maße mich mit dem umschlungen und umsponnen, was mich an ihn bindet,
Als ich verbunden bin mit dem Himmel und der ganzen geistigen Welt,
Nach dem, was sie mir getan haben, indem sie mir Themen einflüsterten.
O, was für Themen! – Gleichheiten! O göttliche Summe!
Jauchzer unter der Sonne, die anheben wie jetzt, oder zu Mittag oder bei Sonnenuntergang,
Melodien, die durch die Zeitalter strömen und jetzt bis hierher drangen:
Ich erfasse eure wilden Akkorde, füge neue hinzu und sende sie fröhlich weiter.

11.

Als ich in Alabama meinen Morgengang machte,
Sah ich das Spottdrosselweibchen in den Dornsträuchern auf seinem Neste sitzen und brüten.
Ich sah auch das Männchen.
Ich verweilte in seiner Nähe und lauschte, wie ihm die Kehle schwoll und es freudevoll sang.
Und wie ich so stand, kam es mir, daß das, wofür es eigentlich sang, nicht einzig dort sei,

Noch daß es einzig für sein Weibchen singe, noch für sich selbst, noch für alles, was das Echo zurücksandte:
Sondern daß es fein, heimlich, weit von hier in Fernen
Ein Anvertrautes sende und eine heimliche Gabe für noch Ungeborene.

12.

Nun, Demokratie! In deiner Nähe dehnt sich jetzt eine Kehle und singt freudevoll.
Ma femme! Für das Geschlecht nach uns und vor uns,
Für die Gegenwärtigen und die, welche noch kommen sollen,
Juble ich jetzt und bin bereit, Hymnen zu jauchzen, machtvollere und stolzere, als sie bis daher auf Erden gehört wurden.
Ich werde Gesänge der Leidenschaften singen und sie ihren Lauf nehmen lassen;
Und auch eure Lieder, ihr geächteten Verbrecher; denn ich sehe euch mit Augen der Verwandtschaft an und nehme euch mit mir so gut wie andre.
Ich werde das wahre Gesicht des Reichtums verfassen,
Zu ernten für Geist und Körper, was Dauer hat, sich weiter entwickelt und im Tode nicht vergeht.
Ich werde Selbstgefühl ausströmen und zeigen, wie es allem zugrunde liegt, und ich will der Sänger der Persönlichkeit sein.
Und von Mann und Weib werde ich zeigen, daß ein jedes nur des andern gleichen ist;
Und ihr, geschlechtliche Organe und Zeugungsakte!
Konzentriert euch in mir, da ich entschlossen bin, mit mutiger und heller Stimme auszusprechen, daß ihr erhaben seid;
Und zeigen will ich, daß es keine Unvollkommenheit gibt in der Gegenwart, noch daß es eine in der Zukunft geben kann;
Und zeigen will ich, daß, was auch immer irgend jemand widerfahre, sich zu einem guten Ausgang wenden kann;

Und zeigen will ich, daß einem nichts Schöneres widerfahren kann als der Tod;
Und ich werde einen Faden durch meine Dichtungen ziehen, der Zeit und alle Geschehnisse in engem Zusammenhange zeigt,
Und zeigt, daß alle Dinge des Weltalls vollkommene Wunder sind, eines so tief wie das andere,
Ich werde keine Gedichte verfassen, die nur auf Teile Bezug haben,
Sondern ich werde Gedichte verfassen, Gesänge und Gedanken, die auf das Ganze Bezug haben.
Und ich werde nicht mit Bezug auf einen Tag singen, sondern mit Bezug auf alle Tage,
Und ich werde kein Gedicht verfassen noch den geringsten Teil eines solchen, das nicht Bezug hätte auf die Seele,
Weil mich die Betrachtung des Weltalls wahrnehmen ließ, daß da keine einzige Erscheinung ist noch irgendein Teilchen von irgendeiner, die nicht in Beziehung zur Seele stünde.

13.

Trug jemand Begehr, die Seele zu sehen?
Nun, sieh! Da ist deine eigene Gestalt und dein Antlitz; da sind Personen, Stoffe, Tiere; da sind die Bäume, die gleitenden Ströme, die Felsen und Sandstrecken.
Ein jedes hält geistige Freuden und entbindet sie später;
Wie kann der wahre Leib jemals sterben und begraben werden?
Von deinem wahren Leib und von jeglichen Mannes und jeglichen Weibes wahrem Leib
Entweicht Teil für Teil den Händen der Leichenwäscher und schwebt zu geeigneten Sphären,
Um alles mit sich zu tragen, was vom Augenblick der Geburt bis zum Augenblick des Todes mit ihm verwachsen war.
So treu wie die Typen, die der Setzer setzt, ihr Abbild prägen,

die Bedeutung und den wesentlichen Sinn,
Genau so treu wird sich deines Mannes oder Weibes Wesen und Leben in Leib und Seele ausprägen,
Einerlei, ob vor oder nach dem Tode. –
Siehe, der Leib enthält und ist die Bedeutung, der wesentliche Sinn und enthält und ist die Seele;
Wer du auch seist, wie herrlich und göttlich ist dein Leib oder irgendein Teil von ihm!

14.

Wer du auch seist, ich habe für dich endlose Ankündigungen!
Tochter der Länder harrtest du deines Dichters?
Erharrtest du einen mit überströmendem Mund und hindeutender Hand?
Nun, den Männern und Frauen dieser Staaten
Frohlockende Worte, Worte den Ländern der Demokratie!
Engverkettete, fruchtgesegnete Länder!
Land der Kohle und des Eisens! Land des Goldes! Land der Baumwolle, des Zuckers und des Reises!
Land des Weizens, der Rinder und der Schweine! Land der Wolle und des Hanfes! Land der Äpfel und der Trauben!
Land der Weideflächen, der Grasebenen der Welt! Land der luftreinen, endlosen Hochebenen!
Land der Herden, der Gärten und der gesunden Lehmhäuser!
Land, wo im Nordosten der Kolumbia, und wo im Südwesten der Kolorado sich windet!
Land des östlichen Chesapeake! Land des Delaware!
Land des Ontario, Erie, Huron, Michigan!
Land der alten Dreizehn! Land von Massachusetts, von Vermont und Connecticut!
Land der Ozeangestade! Land der Sierren und Picks!
Land der Schiffer und der Matrosen! Land der Fischer!
Unzertrennliche Länder! Festzusammengeschlossene,

leidenschaftliche Länder!
Seite an Seite! Die älteren und die jüngeren Brüder! Die Starkknochigen!
Das große Frauenland! Das Weibliche! Das Land der erfahrenen und unerfahrenen Schwestern!
Weitatmendes Land! Vom Pol begrenzt! Von mexikanischen Lüften gefächelt! Verschiedenartiges! Festes!
Das Pennsylvanische! Das Virginische! Das Doppelt-Karolinische!
Oh, alle und jedes heiß von mir geliebt! Meine unerschrockenen Nationen! Oh, fest umfange ich euch alle mit der vollkommensten Liebe!
Nie kann ich von euch los! Nicht von dem einen eher als von dem andern!
Oh, der Tod – Oh, trotzdem bin ich noch bei euch, unsichtbar, zu jener Stunde, mit unbezwinglicher Liebe!
Wandere durch New England, ein Freund, ein Reisender;
Plätschere mit bloßen Füßen in den sanften Sommerwellen auf Paumanoks Ufersand;
Ziehe durch die Prärie, wohne dann wieder in Chicago; wohne in jeder Stadt,
Betrachte Ausstellungen, Geburten, Neuerungen, Bauten, Künste,
Lausche den Rednern und Rednerinnen in den öffentlichen Hallen,
Bin einheimisch in den Staaten wie bei Lebzeiten und durchwandere sie, und jeder Mann und jedes Weib ist mein Nachbar,
Der Louisianer, der Georgier, immer noch sind sie mir nah, und ich noch immer ihm und ihr nah,
Der Mississipper und Arkansier ist noch bei mir, und ich noch bei einem jeden von ihnen,
Weile dennoch immer auf den Ebenen westlich vom Rückgratsflusse, wohne noch immer in einem Lehmhause,

Kehre noch immer nach dem Osten zurück; weile noch immer im Küstenstaat und in Maryland,
Noch immer biet' ich als Kanadier fröhlich dem Winter Trotz und noch immer ist Schnee und Eis mir willkommen;
Bin noch immer ein treuer Sohn von Maine oder des Granitstaates, oder des Buchtenstaates von Narragansett, oder des Reichsstaates,
Und noch immer segle ich nach neuen Ufern aus, auch sie zu annektieren und bewillkomme noch immer einen jeden neuen Bruder;
Und reiche zu dieser Stunde diese Blätter den neuen, wo sie sich mit den alten verknüpfen,
Trete selbst unter die neuen als ihr Kamerad und ihresgleichen, trete zu dir persönlich,
Ermuntere dich zu gemeinschaftlichen Taten, Rollen und Betrachtungen.

15.

Mit mir, der mich festhält, eile noch, eile noch weiter!
Um deines Lebens willen klammere dich an mich,
(Noch einmal und wieder wirst du mich vielleicht überreden müssen, ehe ich einwillige, mich dir ganz und völlig hinzugeben; aber was macht das?
Muß nicht auch die Natur wieder und wieder überredet werden?)
Kein zierlicher „dolce affetuoso“ ich:
Bärtig, sonnengebräunt, graubrüstig, widerwärtig bin ich gekommen,
Daß man mit mir ringe, wenn ich vorbeikomme, um des Weltalls echte Preise;
Denn solche gewähre ich jedem, der auszuharren vermag, sie zu gewinnen.

16.

Auf meinem Wege halt' ich für einen Augenblick an.
Hier für dich! und hier für Amerika!
Noch preise ich hoch die Gegenwart; noch verkünde ich, froh und erhaben, die Zukunft der Staaten,
Und aus der Vergangenheit verkünde ich, was die Luft noch von den roten Eingeborenen hält.
Die roten Eingeborenen;
Naturlaute hinterließen sie, Töne von Regen und Winden, Rufe von Vögeln und Tieren in den Wäldern, für uns in Namen syllabiert;
Okoni, Kousa, Ottawa, Monongahila, Sauk, Natchez,
Ischakachoutschi, Kaqueta, Oronoco,
Wabasch, Miami, Saginaw, Chippewa, Oschkosch, Walla-Walla;
Solche hinterließen sie den Staaten und schmolzen dahin und schwanden, nachdem sie Wasser und Land mit Namen beladen.

17.

Danach breiteten sich schnell aus
Elemente, Rassen, Einrichtungen, ungestüm, feurig, kühn;
Eine Urwelt wieder, Vistas unablässig sich ausbreitenden Ruhmes,
Eine neue Rasse, die alle vorigen überragt, und weit großartiger als sie, mit neuen Kämpfen,
Mit einer neuen Politik, neuen Literaturen und Religionen, neuen Erfindungen und Künsten.
Dies kündige meine Stimme an – ich schlafe nicht mehr, sondern erhebe mich;
Ihr Ozeane, die ihr in mir schliefet! Wie fühl' ich euch, ihr

bodenlosen, sich regen und unerhörte Wogen und Stürme bereiten!

18.

Sieh, Dampfer dampfen durch meine Gesänge.
Sieh, ständig langen Einwanderer an in meinen Liedern und landen;
Sieh, im Hintergrund den Wigwam, die Wildspur, des Jägers Hütte, das Flachboot, den Maishalm, den Eigentumsanspruch, den rohen Zaun und das Dorf im Hinterwald.
Sieh, auf der einen Seite das westliche Meer, auf der andern das östliche; sie fluten und ebben wie über ihre Gestade, so über meine Gedichte.
Sieh Weiden und Forste in meinen Gesängen; sieh wilde und zahme Tiere; sieh hinter dem Kaw zahllose Büffelherden, die das kurze gekräuselte Gras äsen!
Sieh in meinen Gesängen Städte, fest, weit, binnenländisch, mit gepflasterten Straßen, mit Gebäuden aus Eisen und Stein, mit endlosen Fahrzeugen, Handel und Wandel;
Sieh die Walzendruckmaschinen mit ihren vielen Zylindern; sieh den elektrischen Telegraphen, der sich über den Kontinent spannt;
Sieh, wie durch die Tiefen der Atlantis Amerikas Pulsschläge Europa erreichen und Europas Pulsschläge prompte Antwort geben;
Sieh die starke schnelle Lokomotive, wie sie abfährt, keucht und die Dampfpfeife erschallen läßt;
Sieh Pflüger, die die Farm pflügen; sieh die Bergleute in den Minen graben; sieh die zahllosen Fabriken;
Sieh die Handwerker auf ihren Bänken mit ihren Geräten hantieren; sieh, wie aus ihnen vortreffliche Richter, Philosophen, Präsidenten hervorgehen, in Arbeitertracht gekleidet;

Und sieh durch die Läden und Gefilde der Staaten schlendern mich selbst, wohlbeliebt und festgehalten bei Tag und Nacht;
Höre dort den lauten Widerhall meiner Gesänge; lies, wie ihre Ahnungen sich endlich erfüllen.

19.

Oh Kamerado treu! Oh, und zuletzt nur noch wir zwei allein.
Oh ein Wort, das den Pfad vor uns ins Unendliche lichtet!
Oh etwas Entrücktes und Unausdeutbares! Oh eine wilde Musik!
Oh, jetzt triumphiere ich, und du sollst es gleichfalls!
Oh Hand in Hand! – Oh labungsvolle Wonne! Oh noch ein Sehnsüchtiger und Liebender mehr!
Oh eile dich, dich an mir festzuhalten! Zu eilen, vorwärts, vorwärts mit mir zu eilen!

Die Welt, die von neuem sich erhebt zum Garten

Die Welt, die von neuem sich erhebt zum Garten,
Mit einem Präludium auf zeugungstüchtige Männer, Töchter und Söhne;
Auf Liebe, auf das Leben ihrer Leiber, Sinn und Sein,
Gewahrt hier mein wundersames Auferstehn vom Schlummer.
Der kreisenden Zeitalter gewaltiger Umschwung hat mich wiedergebracht,
Liebeerfüllt, gereift, alles schön für mich und wundersam;
Meine Glieder, das zuckende Feuer, das sie immer noch durchspielt, zu weisem Zweck und allerwundersamst:
So tauch' ich auf im Dasein und dringe durch, immer noch;
Zufrieden mit der Gegenwart, zufrieden mit der Vergangenheit,
Und mir zur Seite und hinter mir folgt Eva;
Oder auch sie voran und ich, der ihr folgt: es ist das gleiche.

Aus gepressten, schmerzhaften Strömen

Aus gepreßten, schmerzhaften Strömen heraus,
Aus dem Teil von mir, ohne den ich nichts wäre,
Aus dem, das als erhaben hinzustellen ich bestimmt ward, als ich noch einsam stand unter den Menschen,
Aus dem Widerhall meiner eigenen Stimme heraus singt der Phallus,
Singt der Sang der Zeugung,
Singt die Notwendigkeit stattlicher Kinder und eines aus ihnen erwachsenden stattlichen Volkes,
Singt der Drang des Muskels und die Mischung,
Singt der Sang der Lagergenossen. (Oh unwiderstehliches Gefühl!
Oh wechselseitige Anziehung des Körpers für alle und jeden!
Oh für dich, wer auch immer du seist, dein dir entsprechender Leib! Oh das, was über alles andre sonst dich erfreut!)
Aus dem gierigen Nagen heraus, das an mir frißt bei Tag und Nacht,
Aus gebärerischen Einflüssen, aus schamhaften Qualen heraus sing' ich,
Und suche etwas, das noch ungewiß ist, obschon ich es mit Sorgfalt manch langes Jahr hindurch gesucht habe,
Singe den wahren Sang von der auf's Geratewohl sich verändernden Seele;
Wie sie wieder ins Sein tritt aus der mächtigen Natur heraus oder unter den Lebewesen;
Von alledem und allem, was mit ihm im Zusammenhang, geben meine Gedichte Bescheid;
Von dem Duft der Äpfel und Limonen, von der Paarung der Vögel;
Vom Saft der Wälder, von den hüllenden Wogen,
Von dem wilden Wogendrang auf das Land hinaus sing' ich;
Lasse fröhlich meine Ouvertüre erschallen, in der ich die Weise

vorausnehme;
Die willkommene Nähe, der Anblick des vollkommenen Leibes;
Den Schwimmer, der nackt im Bade schwimmt oder regungslos auf dem Rücken liegt und treibt, besing' ich;
Die Annäherung der weiblichen Gestalt: und ich, verloren, das Liebesfleisch in zuckendem Schmerz,
Ich stelle das göttliche Verzeichnis auf für dich und jeden:
Das Antlitz, die Glieder, den Inhalt vom Kopf bis zum Fuß, und was ihn in Erregung versetzt,
Die mystische Raserei, die verliebte Tollheit, die äußerste Verlorenheit,
(Horche genau und aufmerksam, was ich dir jetzt zuflüstere:
Ich liebe dich; o völlig bin ich dein eigen!
Oh, daß du und ich den andern entrinnen und weit fort von dannen gehen könnten, frei und gesetzentbunden,
Zwei Falken in der Luft, zwei Fische, die in der See schwimmen, nicht gesetzentbundener als wir;)
Den Sturm der Leidenschaft, der mich durchfährt, unter dem ich glühend erzittere,
Den Schwur der Unzertrennlichkeit der beiden Geeinten, des Weibes, das mich liebt, und das ich mehr liebe als mein Leben, diesen Schwur, den ich schwöre:
(Oh, gern und willig setz' ich alles für dich aufs Spiel!
Oh, laß mich untergehn, wenn's nicht anders sein kann!
Oh, du und ich, was gilt es uns, was die andern tun und denken?
Was bedeutet uns alles sonst andres, als daß wir uns miteinander erfreuen und miteinander zugrunde gehen, wenn es so sein soll?)
Vom Herrn als Lotse bringe ich das Fahrzeug,
Von dem, der über mich, der über alle Oberbefehl hat; von ihm mit Vollmacht betraut,
Beschleunige ich von nun an das Programm, (ich habe in Anbetracht seiner Länge schon zu viel Zeit vertan):

Vom Geschlecht, vom Garn und vom Gewebe,
Von der Zurückgezogenheit, vom vielen heimlichen Seufzen,
Von der Gegenwart der vielen Personen, aber die rechte ist noch nicht da;
Vom linden Streicheln der Hände über mich hin, und vom Gekrabbel der Finger in meinem Haupthaar und Bart;
Von den lang haftenden Küssen auf Mund und Busen;
Von der engen Umarmung, die mich und jeden Mann berauscht, der Ohnmacht nach dem Überschwang;
Vom Wissen göttlichen Gattentums, vom Werk der Vaterschaft,
Von Wonnejauchzen, Sieg und Erleichterung; von der Umarmung der nächtlichen Lagergenossin;
Von der lebensvollen Poesie der Augen, Hände, Hüften und der Brüste;
Von der Umschlingung des bebenden Armes;
Von der Krümmung des Leibes und der Umklammerung,
Von der weichen, durch das Seite bei Seite liegen, zurückgestoßenen Bettdecke;
Von der einen, die bekümmert ist, mich lassen zu müssen, und mir, der ich ebenso betrübt bin, sie lassen zu müssen,
(Nur ein kurzer Augenblick; o süßes Warten! und ich kehre wieder zurück)
Von der Stunde der schimmernden Sterne und des sinkenden Taues;
Von der Nacht, über die ich, für einen Augenblick aus ihr emportauchend, fliehend mich erhebe;
Preis dir, göttlicher Akt! und euch, die ihr zu ihm bereit seid!
Und euch, starke Lenden!

Ich singe den Leib, den elektrischen

1.

Ich singe den Leib, den elektrischen;
Die Heere derer, die ich liebe, umfassen mich, und ich umfasse sie.
Sie wollen nicht ablassen von mir, bis ich mit ihnen gehe, ihnen zu Diensten bin,
Und sie läutere und sie fülle mit der Ladung der Seele.
Wurde gezweifelt, daß die, welche ihren eigenen Leib verderben, sich verbergen?
Und, daß die, welche die Lebendigen schänden, ebenso schlecht sind wie die, welche die Toten schänden?
Und, daß der Leib nicht völlig so viel vermag als die Seele?
Und wäre der Leib nicht die Seele, was dann wäre die Seele?

2.

Die Liebe zum Leibe eines Mannes oder eines Weibes entzieht sich der Rechenschaft,
Doch der Ausdruck eines wohlgestalteten Mannes tritt nicht in seinem Gesicht allein zutage,
Er lebt auch in seinen Gliedern und Gelenken, er lebt genau in den Gelenken seiner Hüften und Hände;
Er lebt in seinem Gang, der Haltung seines Halses, der Biegung seiner Lenden und Knie; die Kleidung verbirgt sie nicht.
Die kräftige angenehme Eigenart, die er besitzt, dringt durch Kattun und Tuch;
Ihn vorbeigehen zu sehen, gibt so viel wie das beste Gedicht, vielleicht mehr.
Man verweilt, um seinen Rücken zu betrachten, und die Rückseite seines Halses und seiner Schultern.
Das Zappeln rundlicher Säuglinge, die Busen und Köpfe der Frauen, die Falten ihrer Kleidung, ihre Haltung, wenn sie über

die Straße schreiten; die Linie ihrer Gestalt nach unten;
Der nackte Schwimmer im Schwimmbad, wie man ihn durch das klarschimmernde Grün schwimmen sieht, oder wie er mit dem Gesicht nach oben liegt und schweigsam im wellenden Wasser sich hin und her wälzt;
Die Beugung der Ruderer im Boot vorwärts und rückwärts, der Reiter im Sattel;
Mädchen, Mütter und Hausfrauen in all ihren Verrichtungen;
Die Gruppe der Feldarbeiter, wie sie in der Mittagstunde um ihren aufgedeckten Speisekessel sitzen, während die Weiber warten;
Das Weib, das ein Kind beruhigt; die Farmertochter im Garten oder im Viehhof;
Der Bursch, der das Getreide jätet; der Schlittenkutscher, der seine sechs Pferde durch die Menge lenkt;
Das Ringen der Ringkämpfer, zwei ausgewachsene Lehrbuben, rüstig, gutmütig, auf dem Lande geboren, draußen auf dem leeren Bauplatz, bei Sonnenuntergang nach der Arbeit;
Röcke und Mützen auf den Boden geworfen, Umarmung, in Freundschaft und Gegenwehr,
Ober- und Untergriff, die zerzausten Haare über die Augen herunter;
Der Marsch der Feuerwehrleute in ihren Uniformen, das Spiel der männlichen Muskeln durch die straffsitzenden Hosen und den Leibriemen;
Die langsame Rückkehr vom Brande, das Stillstehen, sobald die Alarmglocke plötzlich von neuem anschlägt, das Aufhorchen;
Die natürlichen, vollkommenen, mannigfaltigen Haltungen, der vorgebeugte Kopf, der gebogene Hals und das Zählen;
Dergleichen lieb' ich. – Ich löse mich los, gehe ungebunden, bin an der Brust der Mutter mit dem kleinen Kind;
Schwimme mit den Schwimmern, ringe mit den Ringern; marschiere in Reih mit den Feuerwehrleuten, halte an, horche, zähle.

3.

Ich kannte einen Mann, einen einfachen Farmer, Vater von fünf Söhnen;
Und in diesen Väter von Söhnen, und in ihnen wieder Väter von Söhnen.
Dieser Mann war von wundervoller Rüstigkeit, Ruhe und Schönheit der Gestalt;
Die Form seines Kopfes, das blasse Gelb und Weiß seines Haares und Bartes, der unergründliche Ausdruck seiner schwarzen Augen, die prächtige Würde seiner Manieren,
Sie nahm ich zum Anlaß ihn zu besuchen – dazu war er auch klug.
Er maß sechs Fuß; er war über 80 Jahre alt; seine Söhne waren kräftig, sauber, bärtig, sonnengebräunt, schön;
Sie und seine Töchter liebten ihn; alle, die ihn sahen, liebten ihn;
Nicht aus Gewohnheit liebten sie ihn, sie liebten ihn mit persönlicher Liebe.
Er trank nur Wasser; das Blut schimmerte scharlachfarben durch die lichtbraune Haut seines Gesichtes:
Er war ein fleißiger Schütze und Fischer; er führte sein Segelboot selbst; er besaß ein schönes Exemplar, das ihm ein Schiffszimmerer geschenkt hatte; er besaß Vogelflinten, Präsente von Männern, die ihn liebten;
Wenn er mit seinen fünf Söhnen und seinen vielen Enkeln zur Jagd oder zum Fischfang ging, so hättest du ihn als den Schönsten und Kräftigsten aus der Schar herausgefunden;
Du hättest recht lange bei ihm sitzen mögen, daß du und er miteinander in Berührung kämet.

4.

Ich habe die Erfahrung gemacht, daß es mir genügt, bei denen zu weilen, die ich gern mag;
Abends in der Gesellschaft der andern zu weilen, genügt mir;
Umgeben von schönem, wundersamem, atmendem, lachendem Fleisch, genügt mir;
Unter ihnen zu schreiten oder irgendeinen zu berühren, oder meinen Arm, wie leise auch, um seinen oder ihren Nacken zu legen, was bedeutet das nur?
Ich verlange keine größere Wonne; ich schwimme in ihr, wie in einem Meer.
Es liegt etwas darin, bei Männern und Frauen zu verweilen und sie anzublicken; es liegt etwas in ihrer Berührung und in ihrem Duft; es ist der Seele ein Wohlgefallen;
Alles gefällt der Seele – aber dies gefällt der Seele wohl.

5.

Das ist die weibliche Gestalt.
Ein göttlicher Nimbus haucht von ihr aus von Kopf bis zum Fuß;
Sie übt eine heiße, unwiderstehliche Anziehungskraft,
Von ihrem Hauch werde ich angezogen, als wäre ich ein kraftloser Nebel, alles versinkt außer meinem Ich und ihr;
Bücher, Kunst, Religion, Zeit, die sichtbare und feste Erde, und was vom Himmel erwartet und von der Hölle befürchtet wurde, ist jetzt vergangen;
Wilde Fühlfäden, unbändige Blitze zucken hervor; die Erwiderung gleichfalls unbändig;
Haare, Busen, Hüfte, Krümmung der Beine, lässig hinfallende Hände, ganz aufgelöst, meine gleichfalls;
Ebbe gestachelt von Flut und Flut gestachelt von Ebbe,
Liebesfleisch schwillt von köstlichem Schmerz;

Unermeßliche klare Strahlen von Liebe, heiß und gewaltig, zuckende Gallerte der Liebe, Gischt und Saft der Raserei;
Bräutliche Nacht der Liebe, die sicher und sanft in das hingestreckte Morgenzwielicht dringt;
Hineinwogt in den willigen, nachgiebigen Tag,
Vergeht in der anschmiegenden Umarmung lieblich anbrechenden Tages.
Dies ist der Keim. – Alsdann wird das Kind vom Weibe geboren, wird der Mann vom Weibe geboren;
Dies ist das Bad der Geburt, dies ist das Einsenken von Klein und Groß, und die Auferstehung.
Schämt euch nicht, Weiber! euer Vorrecht umschließt alles übrige, und ist der Ausgang für alles übrige;
Ihr seid die Pforten des Leibes, und ihr seid die Pforten der Seele.
Das Weib enthält alle Eigenschaften und mäßigt sie.
Sie ist an ihrer Stelle und bewegt sich mit vollkommener Harmonie.
Sie ist alles in angemessener Verschleierung; sie ist beides, aktiv und passiv.
Sie hat Töchter ebenso wie Söhne zu empfangen; und Söhne ebenso wie Töchter.
Wie ich meine Seele in der Natur gespiegelt sehe,
Wie ich durch einen Nebel eine sehe von unaussprechlicher Vollkommenheit, Gesundheit, Schönheit;
Sehe ihr gebeugtes Haupt und ihre über die Brust gekreuzten Arme; so seh' ich das Weib.

6.

Nicht weniger und nicht mehr ist der Mann die Seele; auch er ist an seinem Platz;
Auch er ist alle Eigenschaft, ist Tätigkeit und Macht.
In ihm ist die Blüte des bekannten Weltalls.

Verachtung steht ihm wohl an, und Begierde und Trotz stehen ihm wohl an.
Die wildesten, tiefsten Leidenschaften; äußerste Seligkeit, äußerstes Leid stehen ihm wohl an; Stolz ist sein Teil.
Der vollentfaltete Stolz des Mannes erfreut die Seele und beruhigt sie.
Wissenschaft steht ihm wohl an; stets liebt er sie; an jegliches Ding legt er ihren Maßstab an.
Was für ein Terrain auch immer, was auch immer für ein Meer und ein Schiff: hier einzig fühlt er zuletzt Grund.
(Wo sonst sollte er Grund fühlen als hier?)
Heilig ist des Mannes Leib, und heilig der Leib des Weibes.
Gleichgültig, wem er gehört, er ist heilig. – Ist es der Geringste in der Schar der Arbeiter?
Ist es einer der stumpf vor sich hinstarrenden Einwanderer, die eben am Quai gelandet wurden?
Ein jeder gehört hierher oder irgendwohin mit dem gleichen Recht wie die, denen es gut geht oder du;
Ein jedes hat seinen oder ihren Platz in der Prozession.
(Alles ist eine Prozession.
Das Weltall ist eine Prozession mit taktvoller und vollkommener Bewegung.)
Weißt du denn selber so viel, daß du den Niedrigsten unwissend nennst?
Meinst du, du habest ein Recht auf einen guten Platz, und er oder sie haben kein Recht auf einen Platz?
Glaubst du, der Stoff habe sich aus seiner ausgedehnten Flut zusammengezogen, und der Erdball sei auf der Oberfläche, das Wasser laufe und der Pflanzenwuchs sprieße
Einzig für dich und nicht für ihn oder sie?

7.

Eines Mannes Leib steht zur Versteigerung.
(Denn vor dem Kriege geh' ich oft zum Sklavenmarkt und sehe dem Verkauf zu.)
Ich helfe dem Auktionator; der Esel versteht sich nicht halb auf sein Geschäft.
Meine Herren, schaut euch dieses Wunder an.
Welche Angebote euch gemacht werden; hierfür können sie nicht hoch genug sein.
Um seinetwillen lag die Erdkugel Quintillionen von Jahren ohne Lebewesen oder Pflanzen in Vorbereitung.
Um seinetwillen rollten treu und stet die kreisenden Zeitalter dahin.
In diesem Kopf das alles besiegende Gehirn.
In ihm und unter ihm der Stoff, Helden zu bilden.
Prüfe diese Gliedmaßen, rot, schwarz oder weiß, kunstvoll sind sie gefügt in Nerv und Sehne,
Sie sollen entblößt werden, daß ihr sie sehen könnt.
Erlesenste Sinne, lebenstrahlende Augen, Mut, Wille;
Lage der Brustmuskeln, biegsam Rückgrat und Hals, Fleisch nicht schlaff, wohlausgebildete Arme und Beine,
Und noch andere Wunder im Innern.
Da im Innern rollt Blut.
Das alte, gleiche Blut! Das gleiche rotrinnende Blut!
Dort schwillt und schlägt ein Herz; da sind alle Leidenschaften, Begierden, Strebungen, Inbrunst.
(Meinst du, sie seien nicht dort, weil sie nicht in Salons und Vortragsälen zum Ausdruck gelangen?)
Dies ist nicht nur ein Mann, dies ist der Vater derer, die in ihrer Folge gleichfalls zu Vätern werden sollen.
In ihm harren völkerreiche Staaten und reiche Republiken.
Aus ihm zahllose unsterbliche Menschenleben in zahllosen Verkörperungen und Freuden.

Wie weißt du, wer da um die Nachkommenschaft von seinen Nachkommen auf Jahrhunderte betrogen wird?
(Wen könntet ihr wohl finden, von dem ihr eurerseits abstammt, wenn ihr die Spur durch die vergangenen Jahrhunderte verfolgen könntet?)

8.

Eines Weibes Leib steht zur Versteigerung.
Auch sie ist nicht nur sie selbst; sie ist die fruchtbare Mutter von Müttern.
Sie soll diejenigen gebären, die heranwachsen und Gatten von Müttern werden sollen.
Hast du je eines Weibes Leib geliebt?
Hast du je eines Mannes Leib geliebt?
Und siehst du nicht, daß sie in gleicher Schätzung stehen für alle Völker und Zeiten über die ganze Erde?
Wenn irgendetwas heilig ist, so ist der menschliche Leib heilig.
Und Herrlichkeit und Reiz eines Mannes liegt in unbefleckter Mannheit.
Und am Mann wie am Weib ein reiner, kräftiger und nerviger Leib ist schöner als das schönste Gedicht.
Hast du den Toren gesehen, der seinen eigenen lebendigen Leib verdarb? Oder die Törin, die ihren eigenen lebendigen Leib verdarb?
Wahrlich sie verbergen sich nicht und können sich nicht verbergen!

9.

Oh mein Leib! Ich wage es nicht, deine Art gering zu schätzen an andern Männern und Frauen, noch Teile deiner Art.
Ich glaube, daß deine Art mit der Seele steht und fällt (und daß sie die Seele sind);

Ich denke, deine Art soll stehen und fallen mit meinen Gedichten, und daß sie meine Gedichte sind.
Gedichte des Mannes, Kindes, Jünglings, des Weibes, des Ehemannes, der Mutter, des Vaters, des jungen Mannes und des jungen Weibes;
Gedichte von Kopf, Hals, Ohr, Ohrmuschel und Trommelfell, Augen, Augenwimpern, Augensternen und Augenbrauen, vom offenen und geschlossenen Lid,
Von Mund, Zunge, Lippe, Zahn, von Mundhöhle, Kinnbacke und Kinnbacken-Charnier;
Von Nase, Nasenloch und Scheidewand,
Von Wange, Schläfe, Stirn, von Kinn, Kehle, Nacken und Nackenwirbel,
Starker Schulter, männlichem Bart, von Schulterblatt und Hinterschulter, von der Brustseite voller Wölbung;
Von Oberarm und Achselhöhle, Ellbogengelenk und Unterarm, Armsehne und Armknochen,
Von Handgelenk und seiner Beuge, Hand, Handfläche, Knöchel, Daumen, Zeigefinger, Fingergelenk und Fingernagel;
Von breiter Brustvorderseite, vom Kräuselhaar der Brust, Brustknochen und Brustseite,
Von Rippe, Bauch, Rückgrat und Rückgratwirbel;
Von Hüfte, Hüftgelenk und Kraft der Hüfte, von innerer und äußerer Rundung, von Mannesei und Manneswurzel;
Der Schenkel feste Fügung, des Rumpfes brave Stütze, Beinsehne, Knie, Kniescheibe, Oberbein und Unterbein, Fußknöchel, Spanne, von Zehe, Zehgelenk und Ferse,
Von jeder Haltung, aller Stattlichkeit und allem Zubehör so mein' wie deines Leibes, oder jemandes Leibes sonst, sei's Mann, sei's Weib;
Vom Schwamm der Lunge, Magen, Eingeweide frisch und rein, Gehirn mit seinen Falten in des Schädelgewölbes Innern,
Von Sympathie, Herzklappe, Gaumenklappe, Geschlecht und Mutterschaft,

Von Weiblichkeit und allem, was des Weibes ist und was des Mannes, der vom Weibe kommt,
Von Gebärmutter, Brüsten und Brustwarze, Milch der Brust, von Tränen, Lachen, Weinen, Liebesblicken, Liebesverwirrung und von Liebeswallung,
Von Stimme, Artikulation, von Sprache, Flüstern, lautem Rufen,
Von Speis' und Trank, von Pulsschlag und Verdauung, Schweiß, Schlafen, Gehen, Schwimmen,
Des Oberleibes Wiegen auf den Hüften, Springen, Lieben und Umarmen,
Dem steten Spiel um Mund und Auge,
Von Haut, von Sonnenbräune, Sommerfleck und Haar,
Von jener seltsamen Sympathie, die du fühlst, wenn deine Hand den nackten Leib betastet,
Von den kreisenden Flüssen und des Odems Ein und Aus,
Schönheit der Taille, der Hüften weiter unten und noch weiter bis zum Knie,
Den dünnen Gallerten, den rötlichen, in dir und mir, den Knochen und dem Knochenmark,
Dem köstlichen Gefühle der Gesundheit;
Oh ich sage: dies alles ist Gedicht und Teil des Körpers nicht allein, sondern der Seele!
Oh ich sage jetzt: sie sind die Seele!

Ein Weib harrt meiner

Ein Weib harrt meiner, alles enthält sie, und nichts fehlt;
Doch alles würde ihr fehlen, wenn das Geschlecht fehlte und die Befruchtung des rechten Mannes.
Alles enthält das Geschlecht: Leiber und Seelen;
Meinungen, Beweise, Reinheit und Zartheit, Erfolg und Ankündigung,

Gesänge, Gebote, Gesundheit, Stolz, Mysterium der Mutterschaft, die Milch des Samens,
Alle Hoffnung, Wohltat und Spende, Leidenschaft, Liebe, Schönheit und alle Wonne der Erde,
Alle Herrschaft, alles Gericht, alle Gottheit und hervorragende Persönlichkeit der Erde;
Sie alle sind beschlossen im Geschlecht als seine Teile und seine Rechtfertigung,
Ohne Scham kennt und bekennt der Mann, der mir gefällt, die Köstlichkeit seines Geschlechtes,
Und ohne Scham das Weib, das mir gefällt, die ihre.
Ich will mich jetzt zurückziehen von unempfänglichen Weibern,
Und bei der bleiben, die meiner harrt, bei Weibern, die warmblütig sind und mir Genüge geben;
Ich sehe, sie verstehen mich und versagen sich mir nicht;
Ich sehe, sie sind meiner würdig, ich will ihr rüstiger Gatte sein.
Nicht um ein Jota sind sie geringer als ich;
Gebräunt ist ihr Gesicht vom Sonnenstrahl und Anhauch der Luft;
Ihr Fleisch besitzt die alte göttliche Geschmeidigkeit und Kraft;
Sie wissen zu schwimmen, zu rudern, zu reiten, ringen, rennen und zu schlagen, verstehen sich auf Rückzug wie auf Angriff, Widerstand zu leisten und sich selber zu verteidigen;
Endgültig sind sie in ihrem eigenen Recht – sind ruhig, klar und selbstbewußt.
Ich ziehe euch dicht an mich heran, ihr Weiber.
Ich kann euch nicht lassen, ich will euch wohltun.
Ich bin für euch, und ihr seid für mich; nicht allein um unsrer selbst willen, sondern für andre;
In euch schlummern größere Helden und Sänger;
Sie wollen durch keines andern Mannes Berührung geweckt sein als durch die meine.
Ich bin es, ihr Weiber; ich mache meinen Weg.

Streng bin ich, hart, mächtig und unerbittlich; doch ich liebe euch.
Ich tue euch nicht *mehr* weh, als euch vonnöten ist.
Ich ergieße den Stoff zu Söhnen und Töchtern, wie diese Staaten sie brauchen, und presse euch langsam mit rauhem Muskel;
Ich umarme euch mit wirksamer Gewalt, taub bin ich gegen euer Flehen,
Ich darf nicht abstehen, bevor ich eingesenkt habe, was sich so lange in mir angesammelt hat.
Durch euch entlaste ich die aufgespeicherten Ströme meines Wesens;
In euch senke ich tausend Jahre der Zukunft;
In euch senke ich die Keime solcher, die von mir und Amerika hoch geliebt sind,
Die Tropfen, die ich in euch überfließen lasse, sollen erkeimen zu stolzen und athletischen Mädchen, zu neuen Künstlern, Musikern und Sängern;
Die Kinder, die ich aus euch zeuge, sollen ihrerseits wieder Kinder zeugen;
Ich verlange vollkommene Männer und Frauen aus meinen Liebesspenden;
Ich erwarte, daß sie sich einander durchdringen, wie ich und ihr uns einander durchdringen.
Ich rechne auf die Früchte ihrer zeugerischen Schauer, wie ich auf die Früchte rechne der zeugerischen Schauer, die ich jetzt euch gebe.
Ich rechne auf Liebesernten aus der Geburt, dem Leben, dem Tod und der Unsterblichkeit, die ich jetzt mit solcher Liebe in euch einsenke.

Du, mir aus freier Fülle spendende Natur

Du, mir aus freier Fülle spendende Natur;
Liebevoller Tag, aufsteigende Sonne, Freund, mit dem ich glücklich bin;
Arm der Freundschaft, der lässig sich um meine Schulter schlingt;
Du Hügelhang, licht gesprenkelt mit der Bergesche Blüten;
Du auch, spät im Herbst, mit deinen Schattierungen von Rot, Gelb, Blau, Purpur, Hell- und Dunkelgrün;
Des Grases üppiger Teppich, Tiere und Vögel, einsames rauhes Gestade, Wildäpfel, Kieselsteine.
Ihr träufelnden Steine der Schönheit, ungefähres Verzeichnis und Reihenfolge, wie es sich trifft, daß ich euch benenne oder euer gedenke,
Ihr erst, wahrhafte Gedichte (was wir sonst Gedichte heißen, ist bloß Abbild);
Poesie der Nachteinsamkeit, der Menschen, die mir gefallen;
Und dieses spröde und unsichtbare Gedicht, das ich allzeit in mir trage, und das alle Menschen in sich tragen;
(Bekannt dennoch allen und mit Absicht anerkannt, wo immer Menschen sind, die ich gern habe, sind unsere munteren, heimlichen Gedichte von Mannheit);
Liebesgedanke, Liebesseim und Liebesduft, Willfährigkeit der Liebe, Umarmung und der Umarmung Saft;
Liebentflammter Arm und liebentflammte Hand, liebentflammte Lippe, Glied, Brüste, Leiber, liebevoll gegeneinander gepreßt und verschmolzen;
Erde der keuschen Liebe, Leben, das einzig Leben ist nach empfangener Liebe;
Leib meiner Liebe, Leib des Weibes, das ich liebe; Leib des Mannes und der Erde;
Sanfte Morgenlüfte, die aus Südwest wehen;
Die behaarte Wildbiene, die sehnsuchtsvoll summend hin und

wieder fliegt, die vollentfaltete weibliche Blume ergreift, sie umklammert mit liebevoll starken Beinen, ihr ihren Willen nimmt und bebend sich festklammert, bis sie gesättigt ist;
Tau der Wälder in den Morgenstunden;
Zwei Schläfer, die engvereint zur Nachtzeit im Schlaf beisammen liegen; der eine hat den andern mit dem Arm schräg unter die Hüfte gefaßt;
Apfelduft, Aroma von zerstoßenem Salbei, von Minze und Birkenborke;
Des Knaben Sehnsucht, die Wärme seines Druckes, als er mir anvertraute, was ihm geträumt;
Das welke Blatt, das in zitternder Spirale herabbebt, still und zufrieden auf den Erdboden nieder;
Die heimlichen Stachel, mit denen die Erscheinungen, Menschen und Dinge mich stechen;
Der mir selbst eingefügte Stachel, der mich ebenso sticht als er immer einen andern könnte;
Die empfindlichen runden Zwillinge unten, die vielleicht die auserlesenen, einzig zuverlässigen Fühler sind;
Der seltsame Schweifende, dessen Hand über den ganzen Körper reicht, das schamvoll verborgene Fleisch, in welchem ihre Finger lind sich selbst anhalten und reizen;
Die helle Flüssigkeit in dem jungen Mann;
Das gequälte Ätzen so ernst und peinvoll;
Die Pein, der reizbare Strom, der nicht gehemmt sein will;
Das entsprechende von dem gleichen, das ich fühle; das entsprechende von dem gleichen, was andere;
Der junge Mann, der glüht und glüht; und das junge Weib, das glüht und glüht;
Der junge Mann, der in tiefer Nacht wacht; seine glühende Hand, die zurückzuhalten sucht, was ihn meistern will;
Die mystische, zärtliche Nacht; die herbe, halb willkommene Pein, Visionen, Schweiß;
Der Pulsschlag, der durch die Handfläche stößt und durch die

umklammernden Finger bebt; der junge Mann ganz rot erglüht, voller Scham und Gereiztheit;
Die Salzflut meiner geliebten See über mich hin, wenn ich in dargebotener Nacktheit liege;
Die Lustigkeit der Zwillinge, die im Sonnenschein über das Gras hinkriechen; während die Mutter nicht einen Augenblick ihre wachsamen Augen von ihnen läßt;
Der Walnußstamm, die Walnußschalen und die reifenden oder gereiften länglichrunden Walnüsse;
Die Selbstbeherrschung von Pflanzen, Vögeln, Tieren,
Und meine ihr gegenüber ausgemachte Kläglichkeit, ob ich mich verstecken soll oder mich unzüchtig finden soll, wo Vögel und Tiere nicht ein einziges Mal sich verbergen oder sich selbst unzüchtig finden;
Die erhabene Keuschheit der Vaterschaft, im Wetteifer mit der erhabenen Keuschheit der Mutterschaft;
Der Schwur der Zeugung, den ich schwur, meine munteren Adamstöchter;
Die Gier, die mich frißt bei Tag und Nacht mit hungrigem Magen, bis ich das sättige, was Knaben erzeugen soll, die meine Stelle ausfüllen sollen, wenn ich hindurch bin;
Die gesunde Erleichterung, Ruhe, Zufriedenheit;
Und dies Bündel, das ich von mir riß aufs Geratewohl, –
Es hat sein Werk getan. – Achtlos werfe ich's fort; falle es, wohin es mag. –

Eine Stunde der Raserei und der Wonne

Eine Stunde der Raserei und der Wonne! Oh Wildheit! Oh halte mich nicht!
(Was ist das, das mich im Stürmen so frei machte?
Was bedeutet mein Jauchzen mitten in Blitz und Orkan?)
Oh, diese mystische Trunkenheit tiefer zu kosten als irgendein

andrer!
Oh ihr wilden und zärtlichen Wehen! (Ich vermache sie euch, meine Kinder!
Euch erzähle ich sie, mit Bedeutung, oh Bräutigam und Braut!)
Oh, euch gänzlich hingegeben zu sein, wer immer ihr seid! Und ihr mir gänzlich hingegeben, einer Welt zum Trotz!
Oh, zum Paradies zurückzukehren! Oh verschämte Weiblichkeit!
Oh, dich zu mir zu ziehen, um deinen Lippen zum erstenmal den Kuß eines entschlossenen Mannes aufzudrücken!
Das Rätsel, der dreifach geknüpfte Knoten, der tiefe und dunkle Weiher, alles Gelöste und Erhellte!
Oh, dorthin zu eilen, wo endlich genug Raum und Luft ist!
Losgelöst sein von vorläufigen Banden und Konventionen, ich von den meinen und du von den deinen!
Ein neues ungeahntes Gleichgewicht zu finden mit dem, was das Beste der Natur ist!
Den Knebel aus dem Mund bekommen zu haben!
Das Gefühl, heute oder überhaupt: du reichst aus, so wie du bist!
Oh etwas noch Unerprobtes! Etwas in seliger Entrücktheit!
Den Ankern und Hemmungen der andern entschlüpft zu sein!
Frei zu treiben! Frei zu lieben! Unbekümmert und unter Gefahr zu stürmen!
Höhnend die Zerstörung herauszufordern und sie zu umwerben!
Sich zu erheben, in die Himmel der Liebe zu springen, die mir winken!
Höher mich zu erheben mit meiner trunkenen Seele!
Verloren, wenn's so sein soll!
Den Rest des Lebens zu füllen mit einer Stunde der Fülle und der Freiheit!
Mit einer kurzen Stunde der Raserei und der Wonne!

Wir zwei, wie lange wir auch genarrt waren

Wir zwei, wie lange wir auch genarrt waren,
Jetzt, in veränderter Gestalt, entschlüpfen wir hurtig wie Natur entschlüpft;
Wir sind Natur; lange waren wir ihr fern, jetzt kehren wir zu ihr zurück.
Wir werden Pflanze, Stamm, Laub, Wurzel, Borke;
Wir sind in den Grund gebettet; wir sind Felsen;
Wir sind Eichen, in der Lichtung wachsen wir Seite an Seite;
Wir äsen, wir sind ein Paar unter den wilden Rudeln, eigenherrlich wie nur einer;
Wir sind zwei Fische, die zusammen in der See schwimmen;
Wir sind Heuschreckenblumen, wir hauchen Wohlgeruch morgens und abends über die Gefilde hin;
Wir sind in gleicher Weise der grobe Schmutz von Tieren, Pflanzen und Mineralen;
Wir sind zwei Raubvögel, hoch fliegen wir über alles hin und blicken hinab;
Wir sind zwei strahlende Sonnen; wir sind das, was uns selbst mit runder Sternform im Gleichgewicht hält; und ebensogut sind wir ein paar Kometen;
Mit Krallen ausgerüstet gehen wir auf Raub aus in den Wäldern und springen Beute an;
Wir sind zwei Morgen-, sind zwei Abendwolken, die am Himmel ziehen;
Wir sind vereinte Seen, sind zwei von diesen lustigen Wogen, die übereinander wegrollen und einander durchfeuchten;
Wir sind das, was die Atmosphäre ist, durchsichtig, empfänglich, durchdringbar, undurchdringbar;
Wir sind Schnee, Regen, Kälte, Dunkelheit, wir sind jegliches Erzeugnis und jegliche Wirkung des Erdballes;
Kreise haben wir durchmessen und aber Kreise, bis wir wieder nach Haus gekommen sind, wir zwei;

Alles haben wir aufgegeben außer unsrer Freiheit und außer unsrer eigenen Freude.

Schöne Weiber

Weiber sitzen und schreiten hin und her; einige alt, einige jung;
Die jungen sind schön – aber die alten sind schöner noch als die jungen.

Klänge der Orgel

Ich hörte euch, ihr feierlich-holden Klänge der Orgel, als ich letzten Sonntagmorgen an der Kirche vorüberging;
Und Herbststürme, als ich in der Dunkelheit die Wälder durchwanderte, hörte ich über mir euer langgezogenes, klagendes Stöhnen;
Ich hörte den ausgezeichneten italienischen Tenor in der Oper singen, hörte den Sopran singen im Quartett;
Herz meiner Liebe! auch dich hörte ich, wie du leise murmeltest in einem meiner Handgelenke unter meinem Kopf,
Hörte den Puls, als alles still war, klingen mit leisem Geläut vergangene Nacht unter meinem Ohr.

Wer immer du bist, der mich jetzt in Händen hält

Wer immer du bist, der mich jetzt in Händen hält,
Ohne eins wird alles vergeblich sein;
Ich warne dich ehrlich, bevor du's ferner mit mir versuchst;
Ich bin nicht das, was du vermutest, sondern ganz etwas andres.
Wer ist es, der mir folgen will?

Wer will sich selbst als den bezeichnen, der nach meiner Liebe strebt?
Verdächtig ist der Weg und ungewiß das Ziel, verderblich vielleicht;
Alles andre wirst du lassen müssen; ich allein muß deine einzige und ausschließliche Norm werden;
Aber selbst dann noch wird deine Probezeit lang sein und ermüdend.
Alles, was du vordem über das Leben dachtest und alle Übereinstimmung mit dem Leben, das dich umgibt, wirst du aufgeben müssen;
Deshalb laß mich noch, bevor du dich weiter um mich bemühst; laß deine Hand von meiner Schulter.
Lege mich weg und geh' deines Weges.
Wohl aber in Waldeinsamkeit zu einem ersten Versuch,
Oder im Schutz eines Felsens in freier Luft,
(Denn nicht im dachüberwölbten Hause trete ich in Klarheit, noch in Gesellschaft;
Auch in Bibliotheken liege ich wie ein Tor, ein Tölpel, ein Ungeborner, ein Toter).
Aber vielleicht gerade mit dir auf einem hohen Hügel, nachdem wir erst Auslug gehalten, ob nicht in meilenweiter Runde unversehens jemand naht,
Oder vielleicht, wenn ich auf See mit dir segle, oder am Gestade oder auf einer stillen Insel,
Will ich dir gestatten, deine Lippen auf die meinen zu drücken;
Mit dem langen Kuß des Freundes oder des Neuvermählten,
Denn ich bin der Neuvermählte, ich bin dein Freund.
Oder wenn du willst, stecke mich unter dein Kleid,
Wo ich das Pochen deines Herzens fühlen oder auf deiner Hüfte ruhen kann.
Trage mich, wenn du über Land gehst oder auf See;
Denn, wenn ich dich bloß so berühre: das ist genug, ist das Beste.

Und in dieser Berührung mit dir will ich schweigend schlafen
und ewig getragen sein.
Aber wenn du diese Blätter dir einprägst, prägst du sie dir auf
deine eigene Gefahr ein;
Denn diese Blätter und mich wirst du nicht verstehn.
Sie werden dir zunächst und auch noch weiterhin
entschlüpfen; sicherlich werd' ich dir entschlüpfen.
Und gerade in dem Augenblick, wo du glaubst, du hättest mich
ohne jeden Zweifel erfaßt, siehe!
Merkst du bereits, daß ich dir entgangen bin,
Denn nicht um dessentwillen, was ich in dieses Buch
hineingesetzt, hab' ich's geschrieben,
Und nicht durch Lesen wirst du's erwerben,
Noch kennen mich die am besten, die mich bewundern und
prahlerisch mich preisen,
Noch werden die, die um meine Liebe sich bemühen – nur
wenige ausgenommen – siegreich sein,
Noch werden meine Gedichte allein Gutes wirken: ebensoviel
werden sie Böses wirken; ja, dies vielleicht noch mehr;
Denn alles ist umsonst ohne das, was du zuweilen ahnen und
doch nicht ergreifen wirst; das was ich meinte;
Deshalb laß mich und geh' deines Weges.

Ungewissheit

Die schreckliche Ungewißheit der Erscheinungen;
Die Ungewißheit, ob wir nicht vielleicht dennoch am Ende
getäuscht werden;
Daß Vertrauen und Hoffnung am Ende nichts als Vermutungen
sind,
Daß das Leben nach dem Tode am Ende doch bloß ein schönes
Märchen ist;
Daß die Dinge, die ich wahrnehme, die Tiere, Pflanzen,

Menschen, Berge, schimmernde und strömende Gewässer;
Tag- und Nachtfirmamente, Farben, Körper, Formen, am Ende doch bloß Erscheinungen sind (sie sind's ohne Zweifel) und daß das wahre Etwas erst noch erkannt werden muß;
(Wie oft schnellen sie aus sich heraus, verwirren mich und spotten meiner!
Wie oft denke ich, daß weder ich noch ein andrer etwas von ihnen weiß!)
Vielleicht scheinen sie mir, was sie sind (wie sie zweifellos nur scheinen), von meinem gegenwärtigen Gesichtspunkt aus und erweisen sich dann (was selbstverständlich ist) als etwas ganz andres, als was sie erscheinen, oder überhaupt als gar nichts, von gänzlich veränderten Gesichtspunkten aus;
Solches und ähnliches wird mir seltsam beantwortet von meinen Geliebten, von meinen teuren Freunden;
Wenn mich der, den ich liebe, auf der Reise begleitet, oder lange neben mir sitzt und meine Hand hält,
Wenn die feine Luft, die unfaßbare, die Empfindung, die Wort und Meinen nicht fassen, uns umschwebt und durchdringt.
Dann bin ich voll unausgesprochener und unaussprechlicher Weisheit, bin ich ruhig, verlange nichts Weiteres.
Ich kann die Frage nach den Erscheinungen oder nach dem Bewußtsein nach dem Tode nicht beantworten;
Doch ich gehe oder sitze gleichmütig, bin zufrieden;
Der, der meine Hand hält, hat mich vollständig zufriedengestellt.

Ein Traum

Einen Traum träumte ich und sah in ihm eine Stadt, unüberwindlich den Angriffen der ganzen übrigen Erde;
Und ich träumte, dies sei die neue Stadt der Freunde.
Nichts war dort größer als die Eigenschaft starker Liebe; alles

regierte sie.
Stündlich nahm man sie wahr in den Handlungen der Bewohner jener Stadt
Und in all ihren Blicken und Worten.

Ruhm der Helden

Wenn ich von dem erkämpften Ruhm der Helden lese und den Siegen großer Generale, so beneide ich die Generale nicht;
Noch den Präsidenten in seiner Präsidentschaft, noch den Reichen in seinem Palast;
Doch wenn ich von der Brüderschaft Liebender höre, wie es ihnen erging,
Wie sie durch's Leben, durch Gefahren, Verdächtigungen, unverändert, lang und lang,
Durch Jugendzeit hindurch, durch Mannes- und Greisenalter unveränderlich in Lieb' und Treue sich zugetan blieben,
Dann erfaßt mich Sinnen – und schnell eile ich fort, erfüllt von bitterstem Neide.

An einen Knaben aus dem Westen

Vielerlei in dich aufzunehmen, lehre ich dich, um dir zu helfen, mein Jünger zu werden;
Doch wenn in deinen Adern nicht Blut dem meinen gleich pulst,
Wenn du nicht still von Liebenden erwählt wirst, und du selbst nicht still Liebende erwählst;
Was hilft's, daß du mein Jünger zu werden suchst?

Keine arbeitssparende Maschine

Keine arbeitsparende Maschine,
Keine Entdeckung hab' ich gemacht;
Noch bin ich imstande, so viel zu hinterlassen, als hinreichte, ein Hospital oder eine Bibliothek zu gründen;
Noch auch die Erinnerung an irgendeine mutige Tat für Amerika zu hinterlassen,
Noch einen literarischen Erfolg, noch eine Idee, noch Bücher für das Bücherbrett:
Einzig ein paar, die Luft, die ich verlasse, durchzitternde Lieder
Für Kameraden und Liebende.

Wissen der Sehnsucht

Wie ich bekümmert und voll Sehnsucht jetzt hier sitze in Einsamkeit,
Ist mir, als ob es noch andre Menschen in andern Ländern gäbe, gleichfalls voll Bekümmernis und Sehnsucht;
Ist mir, als könnte ich hinüberblicken und sie erkennen in Deutschland, Frankreich, Italien, Spanien,
Oder weit, weit in der Ferne, in China, in Rußland oder Japan mit ihren fremden Sprachen;
Und mir ist, als ob, wenn ich diese Menschen kennen würde, ich mich zu ihnen hingezogen fühlen würde, wie zu den Menschen meines eigenen Landes.
Oh ich weiß, wir würden Brüder und Liebende sein.
Ich weiß, ich würde mich bei ihnen glücklich fühlen.

Gesang von der freien Straße

1.

Zu Fuß und fröhlichen Herzens schlage ich die freie Straße ein,
Gesund, frei, vor mir die Welt;
Vor mir der lange, braune Pfad, der mich führt, wohin ich nur will.
Fortan verlang' ich kein Glück; ich selbst bin das Glück.
Fortan wimmere ich nichts mehr, verschiebe nichts mehr, brauche nichts.
Vorbei sind die Klagen zwischen dumpfen vier Wänden und Bibliotheken, vorbei gallige Kritik.
Rüstig und zufrieden schreit' ich die freie Straße hin.
Die Erde: und das ist genug.
Ich brauche die Sternenbilder nicht näher.
Ich weiß, sie sind, wo sie sind, an guter Stelle.
Ich weiß, sie genügen denen, die ihnen angehören.
(Noch trage ich hier meine köstlichen alten Lasten.
Ich trage sie, Männer und Frauen, trage sie mit mir, wo immer ich schreite.
Ich schwöre, es ist mir unmöglich, sie los zu werden.
Ich bin damit gefüllt und werde sie wieder füllen.)

2.

Du Landstraße die ich jetzt betrete, und von der aus ich Umschau halte, ich glaube, du bist nicht alles, was hier ist;
Ich glaube, daß auch viel Unsichtbares hier ist.
Hier ist die tiefe Lehre der Aufnahme, die weder Vorrecht noch Abweisung kennt;
Der Schwarze mit seinem Wollkopf, der Verbrecher, der Sieche, der Ungebildete: sie werden nicht abgewiesen.
Die Geburt, das Eilen nach dem Arzt, des Bettlers Gang, des Betrunkenen Wanken, die lachende Schar der Arbeiter;

Der entlaufene junge Mann, des reichen Mannes Equipage; der Geck, das entlaufene Paar,
Der Markthäusler am frühen Morgen, der Leichenwagen, der Möbeltransport in die Stadt hinein, die Rückkehr aus der Stadt:
Sie ziehen vorbei, ich gleichfalls; und alles zieht vorbei; es ist keinem untersagt.
Keines, das nicht angenommen, Keines, das mir nicht lieb sein soll.

3.

Die Luft, die mir den Atem zum Sprechen gewährt;
Ihr Gegenstände, die ihr meine Gedanken aus ihrer Zerstreuung zusammenruft und ihnen Gestalt verleiht;
Du Licht, das mich und alle Dinge mit seinen gleichmäßigen Schauern umhüllt;
Ihr ausgetretenen Pfade in den unebenen Senkungen zu beiden Seiten des Weges;
Ich glaube, ihr verbergt in euch unsichtbare Existenzen, denn ihr seid mir so teuer.
Ihr mit Platten belegten Fußsteige der Städte! Du feste Einfassung am Rande;
Ihr Fähren, ihr Planken und Pfähle der Werfte, ihr holzbekleideten Seitenwände, ihr fernen Schiffe,
Ihr Häuserreihen, ihr mit Fenstern durchlöcherten Häuserfronten, ihr Dächer.
Ihr Tore und Eingänge, ihr Mauerkronen mit euren Staketen;
Ihr Fenster, deren durchsichtige Schalen so viel verraten könnten,
Ihr Türen und aufsteigenden Treppengänge, ihr Bogen,
Ihr grauen Steine des endlosen Pflasters ihr bedeckten Übergänge;
Von allem, das euch berührt, glaub' ich, habt ihr etwas aufgenommen, und möchtet es mir nun heimlich mitteilen;

Mit Lebendigen und Toten habt ihr eure fühllosen Oberflächen bevölkert, und ihre Geister möchten sich jetzt mir freundlich offenbaren.

4.

Die Erde, die rechts und links sich dehnt;
Dies Gemälde, lebensvoll ein jeder Teil in bester Beleuchtung;
Die Musik, die einfällt, wo sie gebraucht wird, und die schweigt, wo sie nicht gebraucht wird;
Die munteren Stimmen der freien Landschaft; das fröhliche, frische Gefühl der Landstraße.
Oh Heerstraße, auf der ich reise, sagst du mir: „Verlaß mich nicht?“
Sagst du: „Wage nicht! Verläßt du mich, bist du verloren?“
Sagst du: „Ich bin stets vorbereitet; bin wohlbetreten und unbestritten; bleibe bei mir?“
Oh du freie Straße, entgegne ich; ich fürchte mich nicht, dich zu verlassen; doch lieb ich dich.
Du deutest mich besser, als ich mich selbst zu deuten vermag.
Du sollst mir mehr sein als mein Gedicht.
Ich denke, alle Heldentaten werden den Menschen im Freien eingegeben und alle freien Gedichte auch;
Ich denke, ich könnte selber hier verweilen und Wunder tun;
Ich denke, was immer ich auch antreffe auf der Straße, dem soll ich gefallen; und wer mich anschaut, dem soll ich gefallen.
Ich denke, ein jeder, den ich sehe, müßte glücklich sein.

5.

Von dieser Stunde ab erkläre ich mich befreit von allen Einschränkungen und eingebildeten Scheidelinien;
Wohin ich will, geh' ich; ganz unbedingt mein eigner Herr;
Höre den andern zu und überlege wohl, was ich sage;

Verweile, forsche, empfange, betrachte;
Entziehe mich lind, aber mit unwiderstehlicher Willenskraft den Banden, die mich halten wollten.
Ich atme den Raum ein in großen Zügen.
Ost und West sind mein, Nord und Süd sind mein.
Größer bin ich, besser als ich dachte.
Ich hätte nicht gedacht, daß ich so viel Gutes enthielte.
Alles kommt mir schön vor.
Ich kann Männern und Frauen gegenüber wiederholen: „Ihr habt mir so viel Gutes getan, ich möchte euch ebensoviel Gutes tun.
Ich werde für mich und für euch werben, wo immer ich gehe.
Ich will mich ausstreuen unter Männer und Frauen, wo immer ich gehe.
Ich werde unter sie werfen neue Freude und neue Rauhheit.
Wenn mich wer abweist: es soll mich nicht kümmern.
Wenn mich wer aufnimmt: er oder sie soll gesegnet sein und soll mich segnen."

6.

Wenn jetzt tausend vollkommene Männer erscheinen würden, so sollte es mich nicht wundernehmen.
Wenn jetzt tausend schöne Weibergestalten erscheinen würden, so sollte es mich nicht überraschen.
Jetzt seh' ich das Geheimnis, wie die tüchtigsten Menschen gebildet werden:
Dadurch, daß sie aufwachsen in freier Luft, essen und schlafen mit der Erde.
Hier ist Raum für eine große persönliche Tat.
(Eine solche Tat überwältigt die Herzen des ganzen Menschengeschlechtes;
Ihr Ausbruch von Kraft und Willen überwältigt die Satzung und spottet aller Autorität und aller Gründe dagegen.)

Hier ist die Probe der Weisheit.
Nicht in den Schulen ist Weisheit endgültig erprobt.
Nicht kann Weisheit von einem, der sie hat, übergehen auf einen andern, der sie nicht hat.
Der Ursprung der Weisheit ist die Seele; nicht zu bestätigen ist sie durch Beweise: sie ist selbst Beweis.
Bezieht sich auf alle Stufen, Dinge und Eigenschaften und ist in sich fest.
Sie ist die Bürgschaft der Wirklichkeit und der Unsterblichkeit der Dinge und ihrer Trefflichkeit.
Es gibt etwas in der Flut der Erscheinungen der Dinge, das die Weisheit aus der Seele hervorlockt.
Ich prüfe jetzt noch einmal Philosophien und Religionen.
Sie mögen sich ganz gut in Vortragssälen beweisen und doch gar nicht unter den breiten Wolken und die Landschaft entlang und die rinnenden Ströme.
Hier ist Verwirklichung.
Hier paßt sich der Mensch an. – Hier bewährt sich sein wirklicher Gehalt;
Vergangenheit, Zukunft, Erhabenheit, Liebe: Fehlst du diesen, so fehlen sie dir.
Nur der Kern jedes Gegenstandes nährt.
Wo ist der, der für dich die Schalen abreißt?
Wo ist der, der für dich und mich Betrug und Verhüllung aufdeckt?
Hier ist Anhänglichkeit. – Sie ist nicht mit Vorbedacht vorbereitet; sie ist unmittelbar.
Weißt du, was es heißt, wenn du beim Vorüberschreiten von Fremden geliebt wirst?
Kennst du die Sprache jener sich drehenden Augäpfel?

7.

Hier ist der Ausfluß der Seele.
Der Ausfluß der Seele kommt von innen, durch dunkelumlaubte Pforten, die ewig zur Frage reizen.
Dies Sehnen, wozu ist es da? Im Dunkel diese Gedanken: wozu sind sie da?
Warum gibt es Männer und Frauen, in deren Nähe das Sonnenlicht mir das Blut schwellen macht?
Warum senken sich, wenn sie sich entfernen, die Wimpel meiner Freude und werden schlaff und matt?
Warum gibt es Bäume, unter denen ich niemals wandle, ohne daß sich heitere und melodische Gedanken auf mich niedersenken?
(Ich denke, sie hängen dort Sommer und Winter auf solchen Bäumen, und wenn ich vorbeigehe, fällt die Frucht.)
Was ist es, was ich so plötzlich mit Fremden austausche?
Mit einem Kutscher etwa, wenn ich neben ihm auf dem Bocke mitfahre?
Mit einem Fischer etwa, der sein Schleppnetz auf das Gestade zieht, wenn ich im Vorbei bei ihm verweile?
Was gibt mir das Recht auf eines Mannes oder eines Weibes Gutwilligkeit? Was gibt ihnen das Recht auf die meine?

8.

Der Ausfluß der Seele ist Glückseligkeit; hier ist Glückseligkeit.
Ich glaube, sie durchdringt die freie Luft und harrt beständig.
Jetzt strömt sie auf uns ein; tüchtig sind wir beladen.
Hier erhebt sich die geschmeidige, anschließende Gattung.
Die geschmeidige und anschließende Gattung ist die Frische und Süßigkeit des Mannes und des Weibes.
(Die Kräuter des Morgens sprießen täglich nicht frischer und süßer aus ihren eigenen Wurzeln, als jene unaufhörlich frisch

und süß aus sich selbst hervorsprießt.)
Je nach der geschmeidigen und anschließenden Gattung
schwitzt der Schweiß der Liebe von jung und alt.
Von ihr träufelt die Anmut, die der Schönheit und der Künste spottet.
Ihr schwillt die Sehnsucht nach Berührung bebend entgegen.

9.

Allons! Wer du auch seist: komm und reise mit mir!
Reisest du mit mir, so findest du, was nimmer ermüdet.
Nimmer ermüdet die Erde.
Die Erde ist anfänglich rauh, schweigsam und unverständlich;
Natur rauh zunächst und unverständlich;
Aber lasse dich nicht entmutigen, harre aus; wohlgeborgen gibt es göttliche Dinge.
Ich schwöre dir: göttliche Dinge, schöner als Worte zu sagen vermögen.
Allons! hier dürfen wir nicht verweilen.
Wie wonnig auch immer diese aufgespeicherten Güter, diese Wohnung wie bequem: wir können hier nicht bleiben.
Wie geschützt dieser Hafen auch immer, wie still diese Gewässer: wir dürfen hier nicht ankern.
Wie willkommen die Gastfreundschaft, die uns umgibt, so dürfen wir sie doch nur für eine kleine Weile annehmen.

10.

Allons! Die Lockungen müssen stärker sein.
Wir werden pfadlose und wilde Meere besegeln.
Wir werden dahin gehen, wo die Stürme sausen, die Wogen stürzen und der Yankeeklipper unter vollen Segeln vorbeifliegt.
Allons! Mit Kraft und mit Freiheit, mit der Erde und den Elementen!

Gesundheit, Trotz, Fröhlichkeit, Selbstachtung, Neubegier.
Allons! Frei von allen Formeln!
Frei von euren Formeln, fledermausäugige, materialistische Pfaffen!
Der alte Leichnam versperrt den Weg: nun, die Bestattung wartet nicht länger.
Allons! Doch laß dich warnen.
Wer mit mir reist, muß das beste Blut, die besten Sehnen, die größte Ausdauer besitzen.
Niemand stelle sich zur Probe ein, bevor er oder sie Mut und Gesundheit mitbringen kann.
Komm nicht hierher, wenn du dein Bestes bereits verschwendet hast.
Einzig diejenigen sollen kommen, die mit gesunden und festen Körpern kommen.
Kein Siecher, kein Schnapssäufer, keine venerische Fäulnis wird hier zugelassen.
(Ich und die meinen überzeugen nicht durch Beweise, Gleichnisse und Reime,
Wir überzeugen durch unsere Gegenwart.)

11.

Merk' auf! Ich will zu dir aufrichtig sein.
Ich biete nicht die alten glatten Preise an, sondern herzhafte neue Preise.
Dies ist die Ordnung, die du einzuhalten hast:
Häufe nicht auf, was man Reichtum nennt.
Mit freigebiger Hand streue aus, alles was du verdienst und erwirbst.
Du bist kaum in der Stadt, zu der du beordert warst, angekommen, du hast dich kaum zu deiner Zufriedenheit eingerichtet, so wirst du mit unwiderstehlichem Rufe zur Abreise gerufen;

Du wirst mit dem ironischen Lächeln und den Spötteleien der Zurückbleibenden bedient werden;
Doch wenn du auch und was auch für Lockungen der Liebe du erfährst, so sollst du ihnen einzig mit leidenschaftlichen Küssen des Abschiedes antworten.
Du sollst die Versuche, dich zurückzuhalten, nicht beachten, welche die machen, die dir offene Hände entgegenstrecken.

12.

Allons! den großen Genossen nach, um uns ihnen anzuschließen!
Auch sie sind unterwegs. – Es sind die hurtigen und erhabenen Männer; es sind die größten Frauen.
Auf der See freuen sie sich der Windstille wie der Stürme;
Sie segeln auf vielen Schiffen, reisen zu Fuß manche Meile Landes;
Sind zu Hause in vielen fernen Ländern, zu Haus in vielen weltfernen Wohnungen;
Sie vertrauen Männern und Frauen, beobachten die Städte, arbeiten einsam.
Sie verweilen, um Sträuße, Blumen, Muscheln am Gestade zu betrachten.
Sie tanzen bei Hochzeiten, küssen Bräute, zärtlich warten sie Kinder ab, gebären Kinder;
Sie kämpfen in Revolutionen, stehen an gähnenden Gräbern und lassen Särge hinab.
Sie reisen durch den Reigen der Jahreszeiten, durch die Jahre, die wundersamen Jahre, die eins aus dem andern sich entfalten;
Sie reisen mit Gefährten, den Stufen ihrer eigenen Entwicklung nämlich.
Sie schreiten hervor aus der Verborgenheit ihrer unmündigen Kinderjahre.
Fröhlich reisen sie mit ihrer Jugend, reisen mit ihrem bärtigen

und sehnigen Mannesalter;
Reisen mit ihrer Weiblichkeit; reich, unübertroffen, zufrieden.
Reisen mit ihrem erhabenen Greisenalter, männlichem oder weiblichem;
Greisenalter, frei dahinfließend mit der köstlichen nahenden Freiheit des Todes.

13.

Allons! Dem entgegen, das ohne Ende wie Anfang!
Um viel zu erdulden, Tagemärsche und Rast zur Nacht;
Um alles in Verbindung zu setzen mit den Reisen, auf die es zielt; und mit den Tagen und Nächten, auf die es zielt.
Und auch diese wieder aufgehen zu lassen in dem Aufbruch zu noch höheren Reisen;
Und nichts irgendwo zu sehen, das du nicht erreichen und über das du nicht noch hinausgehen könntest;
Um sich keine Zeit zu denken, wie fern sie auch sei, die du nicht erreichen und über die du nicht noch hinausgehen könntest;
Keine Straße hinauf oder hinabzublicken, die sich nicht für dich ausdehnte und deiner wartete – so lang sie auch sein mag, so dehnt sie sich doch für dich aus und wartet auf dich;
Um kein Sein zu erschauen, weder Gottes noch sonst jemandes, zu dem du nicht auch drängest;
Um kein Besitztum zu sehen, das du nicht auch besitzen könntest, indem du alles ohne Arbeit oder Einkauf genießest, deinen Teil nimmst vom Festmahl und doch nicht ein Teilchen davon nimmst;
Um das Beste für dich zu nehmen von des Farmers Farm und des Reichen schmucker Villa, von den reinen Segnungen des glücklich verheirateten Paares; den Früchten der Obstgärten, den Blumen der Blumengärten;
Um zu deinem Gebrauch herauszunehmen aus den dichten

Städten, die du durchreisest,
Um nachher, wohin immer du dich begibst, Gebäude und Straßen mit dir zu tragen,
Den Verstand der Menschen, denen du begegnest, aus ihren Hirnen herauszunehmen und aus ihren Herzen die Liebe,
Um deine Liebe mit dir auf die Reise zu nehmen, dessenungeachtet, daß du sie zurücklässest;
Um das Weltall selbst für eine Straße anzusehen, für viele Straßen, Straßen für wandernde Seelen.
Alles weicht zurück gegenüber dem Fortschritt der Seelen.
Jede Religion, alle festen Dinge, Künste, Regierungen. – Alles, was auf dieser Erdkugel oder irgend sonst einer offenbar war oder ist, fällt in Nischen und Ecken zurück vor dem Zuge der Seele auf den großen Straßen des All.
Aller andere Fortschritt ist das nötige Symbol und die nötige Stütze für den Fortschritt der Seelen von Männern und Weibern auf den großen Straßen des All.
Immer lebendig, immer vorwärts;
Stattlich, ernst, traurig, zurückgezogen, verblüfft, rasend, ungestüm, schwächlich, unzufrieden,
Verzweifelt, stolz, liebevoll, krank, von den Menschen aufgenommen, von den Menschen verworfen.
Sie wandern! Sie wandern! Ich weiß, daß sie wandern: doch wohin sie wandern, weiß ich nicht.
Aber ich weiß, daß sie dem Besten entgegenwandern; einem Erhabenen entgegen.
Wer auch immer du sein magst: hervor mit dir! Mann oder Weib: hervor! Du darfst nicht da im Haus bleiben, schlafen und weilen, obgleich du es gebaut hast, oder obgleich es für dich gebaut wurde.
Heraus aus der dunklen Haft! Hinterm Schirm hervor!
Es hilft nichts, daß du dich wehrst – ich weiß alles und lege es offen dar.
Sieh, durch deine Schuld steht es so schlimm wie durch die der

andern;
Durch das Gelächter, das Tanzen, Mittagessen, Abendessen der Leute,
Hinter den Kleidern und Schmuckgegenständen, hinter jenen gewaschenen und geschorenen Gesichtern
Gewahre einen geheimen, stillen Ekel und Verzweiflung.
Nicht Gatten, nicht Weib noch Freund wird vertraut, daß er Beichte höre,
Ein andres Selbst, ein Doppelgänger aller: schleichend und lauernd geht er dahin,
Ohne Gestalt und Sprache durch die Straßen der Städte, höflich und vornehm in den Sälen,
In den Waggons der Eisenbahnen, auf Dampfschiffen, in der öffentlichen Versammlung;
Ist daheim in den Häusern bei Männern und Frauen, bei Tische, im Schlafzimmer, überall;
Fein gekleidet, mit lächelndem Gesicht, aufrechter Haltung, den Tod unter dem Brustknochen, die Hölle unter dem Schädelknochen,
Unter dem feinen Tuch und den Handschuhen, unter Bändern und künstlichen Blumen,
Beachtet Anstandsregeln, spricht nicht eine Silbe von sich selbst,
Spricht von irgend etwas anderem, doch niemals von sich selbst.

14.

Allons! Durch Kämpfe und Kriege!
Das Ziel, das erwähnt wurde, kann nicht widerrufen werden.
Fielen die vorhergehenden Kämpfe glücklich aus?
Für wen fielen sie glücklich aus? Für dich? Für deine Nation? Die Natur?
Nun versteh' mich recht – es ist im inneren Wesen der Dinge

dafür gesorgt, daß auch irgendeinem fruchtreifen Erfolg, gleichgültig was für einem, etwas ersprießen soll, das einen größeren Kampf nötig macht.
Mein Ruf ist Schlachtruf; ich nähre den tätigen Aufstand.
Wer mit mir geht, muß wohl bewaffnet gehen.
Wer mit mir geht, geht oft mit spärlicher Nahrung, mit Armut, grimmigen Feinden, Desertionen.

15.

Allons! Die Straße liegt vor uns!
Sie ist sicher – ich habe sie erprobt – meine eigenen Füße haben sie wohl erprobt – laß dich nicht zurückhalten!
Laß das Papier unbeschrieben auf dem Pult, ungeöffnet das Buch auf dem Gestell!
Die Werkzeuge laß in der Werkstatt liegen! Laß unverdient das Geld!
Laß die Schule! Achte nicht auf den Ruf des Lehrers!
Laß den Prediger auf seiner Kanzel predigen! Den Advokaten vor Gericht plaidieren, und den Richter laß das Gesetz auslegen!
Kamerado! ich reiche dir die Hand!
Ich gebe dir meine Liebe, teurer als Gold!
Ich gebe dir mich selbst, mehr als Predigt und Gesetz.
Willst du dich mir geben? Willst du mit mir auf die Wanderung?
Sollen wir uns auf Lebenszeit einander anschließen?

Pioniere! Pioniere!

Kommt, ihr sonngebräunten Jungen!
Folgt in guter Ordnung, haltet eure Waffen wohlbereit!
Habt ihr die Revolver? Habt ihr eure scharfgeschliffenen Äxte?

Pioniere! Pioniere!
Denn wir dürfen hier nicht weilen,
Müssen vorwärts, Teure! Gegen Ansturm und Gefahr;
Wir die jugendkräftigen Rassen; steht die Zukunft doch auf uns!
Pioniere! Pioniere!
Oh ihr Jungen aus dem Westen!
Ungeduldig, voller Tatkraft, voller Männerstolz und Treue;
Deutlich, Kinder, seh' ich euch in der ersten Vorhut schreiten!
Pioniere! Pioniere!
Stehen still die alten Rassen?
Sinken sie mit ihrer Lehre müde hin jenseits der See?
Unser wird die ewige Arbeit, wird die Last und wird die Lehre!
Pioniere! Pioniere!
Das Vergangene lassen wir hinten,
Gehen los auf eine neue, weit're, wechselreichere Welt;
Frisch und stark ergreifen wir sie, Welt der Arbeit und des Marsches,
Pioniere! Pioniere!
Werfen tapfere Bataillone
In die Schluchten, durch die Pässe, bis zu steilen Bergeshäuptern;
Und erobern, halten, trotzen, wagen unbekannte Wege,
Pioniere! Pioniere!
Und wir fällen Urzeitforste;
Dämmen, winden Ströme; reißen in den Tiefen Minen auf;
Messen weite Länderflächen; furchen jungfräuliche Erde,
Pioniere! Pioniere!
Männer wir von Kolorado,
Von den riesigen Bergesgipfeln, Sierren und Plateaus;
Von den Minen und den Schleusen kommen wir, vom Jägerpfad,
Pioniere! Pioniere!
Von Nebraska, von Arkansas,

Inlandsrasse, von Missouri, Festlandsblut in unsern Adern;
Alle reichen sich die Hände, aus dem Süden, aus dem Norden,
Pioniere! Pioniere!
Nimmermüde, unwiderstehliche,
Oh geliebte Rasse du! Oh mir schmerzt die Brust vor Liebe!
Oh ich trauere und jauchze doch! Für euch alle entbrannt in Liebe,
Pioniere! Pioniere!
Hebt sie hoch, die hehre Mutter!
Schwenkt sie hoch, die milde Herrin, Sternenherrin! (Beugt die Häupter!)
Hoch die kriegerische Herrin! ernst, unbeugsam, wohlgerüstet!
Pioniere! Pioniere!
Seht, ihr Jungen, wohlentschlossen;
Bei den Scharen, die uns folgen, dürfen wir nicht wanken noch weichen;
Millionen Geisterscharen drängen drohend hinter uns,
Pioniere! Pioniere!
Vorwärts in geschlossnen Reihen,
Stets zur Stelle ist Ersatz, Reihen füllend, die der Tod gerissen;
Durch die Schlacht, durch Niederlagen; nimmer halten, immer vorwärts!
Pioniere! Pioniere!
Oh im Ansturm Tod zu finden!
Müssen welche fallen und sterben? Und ist ihre Stunde gekommen?
Nun, im Marsch stirbt sich's am schönsten, und die Lücken sind bald gefüllt!
Pioniere! Pioniere!
Alle Pulse dieser Erde
Fallen ein und schlagen mit uns, schlagen mit des Westens Vormarsch;
Einzeln und allzusammen; immer vorwärts, alles für uns!
Pioniere! Pioniere!

Wimmelnden Lebens Wechselschau,
Alle Formen, aller Schein, alle Arbeiter am Werke;
Auf der See und auf dem Lande; alle Herren mit ihren Sklaven:
Pioniere! Pioniere!
Sie, die still unglücklich lieben;
Die Gefangenen im Gefängnis; die Gerechten wie die Schlechten,
Alle Frohen, alle Bedrückten, alle Lebenden und Toten:
Pioniere! Pioniere!
Ich, mein Leib und meine Seele,
Wir, ein seltsam Trio, tasten, wandern unsern Weg,
Über diese Gestade und Schatten, die uns mit Gesichten bedrängen:
Pioniere! Pioniere!
Das Gestirn, das rollend kreisende,
Sieh! und seine Brudersphären, Sonnen- und Planetenschwärme,
Leuchtende, lichte Tage und die Nächte, die mystischen, traumerfüllt:
Pioniere! Pioniere!
Uns gehören sie, sind bei uns,
Alle für die nächste Arbeit, während Ungeborene warten.
Heute sind wir an der Spitze, klären für ihr Werk den Weg!
Pioniere! Pioniere!
Oh ihr Töchter aus dem Westen!
Jüngere und ältere Töchter! Oh ihr Mütter und ihr Weiber!
Nie könnt ihr euch von uns trennen, müßt in unseren Reihen schreiten!
Pioniere! Pioniere!
Sänger, auf Prärien harrend!
(Tote Barden andrer Länder, ruhet nach vollbrachtem Werk!)
Schon hör ich euch singend nahen; ihr erhebt euch, schreitet mit uns!
Pioniere! Pioniere!

Weder liebliche Ergötzung,
Noch auch Polster und Pantoffel, noch Behagen stillen Fleißes,
Noch erschlaffender, sichrer Reichtum, geruhiger Genuß für uns!
Pioniere! Pioniere!
Schwelgen die gefräßigen Schlemmer?
Schlafen sie, die fetten Schläfer, hinter ängstlich sicheren Türen?
Unser bleibt die rauhe Kost und auf hartem Boden die Decke!
Pioniere! Pioniere!
Ist die Nacht herabgesunken?
War der Weg zuletzt so mühsam? Hielten wir entmutigt inne?
Nun, zur Rast ein Stündchen gönn' ich; ruht, vergesset eure Müh'!
Pioniere! Pioniere!
Doch beim Rufe der Trompete,
Lang, ach lang vor Tagesanbruch, – horch! wie hell und klar getragen!
Auf! Und stellt euch an die Spitze! – Auf! An die gewohnten Plätze!
Pioniere! Pioniere!

Schlagt! Schlagt! Trommeln!

Schlagt! Schlagt! Trommeln! Blast, Hörner, blast!
Durch Fenster brecht und Türen mit unbarmherziger Gewalt;
Und in der stillen Kirche löst die Andacht auf.
Stört den Studenten im Hörsaal.
Stört das Glück des harmlosen Bräutigams bei seiner Braut.
Den friedlichen Farmer bei Pflug und Ernte, laßt ihn nicht in Ruh.
So grimmig schlagt und rasselt, Trommeln! So schrill, ihr Hörner, blast!

Schlagt! Schlagt, Trommeln! Blast, Hörner, blast!
Durch Handel und Wandel der Städte – durch Rädergedröhn der Straßen;
Sind in den Häusern nächtens die Betten bereit? Die Schläfer dürfen in diesen Betten nicht schlafen.
Die Händler dürfen Handel treiben nicht bei Tage; nicht Makler und nicht Spekulanten! Wollen sie ihre Geschäfte fortsetzen?
Die Redner, wollen sie reden? Schicken die Sänger sich an zu singen?
Dann wirbelt schneller, lauter, Trommeln! Und wilder, Hörner, blast!
Schlagt! Schlagt, Trommeln! Blast, Hörner, blast!
Was da Verhandlung und was da Beschwerde!
Achtet nicht der Zagen, auf Klage nicht und Tränen!
Nicht der Bitte des Vaters für den Sohn!
Überdröhnt des Kindes Stimme und der Mutter Flehen!
Bahn macht für die Bahren, die Toten schütten sollen für den Leichenwagen!
So rauh euer Dröhnen, schreckliche Trommeln! Ihr Hörner, so hart euer Blasen!

Gib mir die stille glänzende Sonne

1.

Gib mir die stille, glänzende Sonne mit aller Pracht ihrer blitzenden Strahlen;
Gib mir die saftige Herbstfrucht reif und rot aus dem Garten;
Gib mir ein Feld, wo ungemähtes Gras wächst;
Gib mir eine Laube, gib mir die umrankte Traube;
Gib mir frisches Korn und Weizen; gib mir munter wandelnde Tiere, die Zufriedenheit lehren;

Gib mir tiefstille Nächte, wie auf der Hochebene westlich vom Mississippi und laß mich noch einmal zu den Sternen aufblicken;
Gib mir einen morgendlichen, düftereichen Garten mit schönen Blumen, in dem ich ungestört mich ergehen kann;
Gib mir zur Ehe ein holdes Weib, dessen ich nie müde werde;
Gib mir ein vollkommenes Kind; gib mir fern vom Lärm der Welt eine ländliche Heimat;
Gib mir Lieder, die ich aus eigenem Antrieb singe, einsam, nur für meine eigenen Ohren;
Gib mir Einsamkeit; gib mir Natur; gib mir wieder, o Natur, deine ursprüngliche Frische!
Und doch: noch während ich dies erbitte (endloser Aufregungen müde und gemartert vom Kriegslärm);
Noch während ich solches beständig zu erlangen trachte und mein Herz nach alledem schreit;
Noch während ich unablässig bitte, hänge ich doch an meiner Stadt.
Tag auf Tag und Jahr auf Jahr, o Stadt, wandere ich in deinen Straßen,
An die du auf eine bestimmte Zeit mich fesselst und mich freizugeben dich weigerst;
In denen du mir Überfülle gewährst, meine Seele bereicherst und unverlierbare Gesichte mir zeigst;
(Oh ich sehe gerade das, dem zu entrinnen ich hoffte, mir gegenüber und widerrufe den Schrei meiner Sehnsucht,
Ich sehe, wie meine eigene Seele das verwirft, was ich erbat.)

2.

Behalte deine stille, glänzende Sonne!
Behalte, Natur, deine Wälder und die friedlichen Plätzchen dabei!
Behalte deine Felder mit Klee und Gras, deine Kornfelder und

Obstgärten!
Behalte deine blühenden Buchweizenfelder, in denen die Septemberbienen summen!
Gib mir Gesichter und Straßen – gib mir den endlosen Zug dieser Phantome die Trottoirs hin!
Gib mir zahllose Augen – gib mir Frauen – gib mir Kameraden und Freunde zu Tausenden!
Laß täglich mich neue sehen – laß täglich mich neue bei der Hand nehmen!
Gib mir solche Schaustellungen – gib mir die Straßen Manhattans;
Gib mir den Broadway mit marschierenden Soldaten – gib mir den Schall der Trompeten und Trommeln!
(Die Soldaten in Kompanien und Regimentern – diese im Begriff zu marschieren, hastig und sorglos;
Diese, deren Dienstzeit vorbei ist, auf der Heimkehr, in gelichteten Reihen; jung und doch sehr alt; erschöpft marschieren sie, ohne etwas zu beachten.)
Gib mir Ufer und Werfte, dicht mit schwarzen Schiffen gesäumt!
Oh dies mir! Oh mächtiges Leben; übervoll, an Abwechslung reich!
Mir das Treiben des Theaters, des Trinkzimmers, des großen Hotels!
Den Salon des Dampfbootes, das Gewimmel des Ausflugs, den Fackelzug!
Die dichte Brigade, die in den Kampf zieht, gefolgt von den hochgeladenen Bagagewagen!
Volk, das endlos dahinströmt mit buntem Stimmengewirr, mit Leidenschaften und Gepränge!
Manhattans Straßen mit ihrem gewaltigen Pulsschlag, mit rasselnden Trommeln wie in diesem Augenblick!
Der endlose lärmende Chor; das Rasseln und Klirren der Gewehre, (selbst der Anblick der Verwundeten!)

Manhattans Gedränge mit seinem gewaltigen Rhythmus!
Manhattans Gesichter und Augen für mich auf ewig!

Geflüster vom himmlischen Tod

Geflüster vom himmlischen Tod hör' ich murmeln,
Lippengewisper der Nacht, hauchgleiche Choräle;
Leise hinansteigende Schritte, mystischen Windhauch hör' ich wehen, sanft und tief;
Gekräusel auf unsichtbaren Strömen; Ebben und Fluten eines flutenden, ewig flutenden Stromes;
(Oder ist es ein Plätschern von Tränen? Unermeßliche Gewässer menschlicher Tränen?)
Ich sehe, sehe empor zum Himmel; sehe große Wolkenmassen;
Düster, langsam rollen sie hin; schwellen still an und verrinnen ineinander;
Und dazwischen tritt hervor von Zeit zu Zeit ein halb getrübter, trauriger, ferner Stern,
Sichtbar und wieder unsichtbar.
(Doch es ist wohl ein Kreisen, eine ewige, feierliche Geburt;
An Grenzen, die kein Auge erreichen kann,
Schreitet eine Seele ins Jenseits.)

Eine lichte Mitternacht

Dies ist deine Stunde, o Seele; die Stunde deiner freien Flucht ins Schweigen,
Von Büchern hinweg; fort von Künsten, nach getilgtem Tag, nach getaner Arbeit,
Die auftaucht, still und staunend weit dich entrückt in Nachdenken über deine geliebtesten Themen:
Nacht, Schlaf, Tod und die Sterne.

Komm herein vom Feld, Vater

Komm herein vom Feld, Vater! Hier ist ein Brief von unserem Peter!
Komm in die Haustür, Mutter! Hier ist ein Brief von deinem lieben Sohn.
Seht, es ist Herbst.
Seht, mit bleicherem Grün, gelb und rot stehen die Bäume.
Mit lieblicher Kühle wehen die Lüfte in Ohios Dörfern und treiben mit spielendem Hauch das fallende Laub.
Reif hängen im Garten die Äpfel, an der Rebranke die Traube.
(Spürst du den Ruch der Trauben?
Riechst du den reifen Buchweizen, der unlängst noch von Bienen summte?)
Sieh, wie still der Himmel sich dehnt; so klar nach dem Regen, mit lieblichen Wolken.
Unter ihm alles so still, so lebensvoll und schön; und die Farm in gutem Gedeihen.
Alles auf den Feldern unten in gutem Gedeihen.
Doch komm vom Feld jetzt herein, Vater; komm auf den Ruf der Tochter.
Und komm in die Haustür, Mutter; komm schnell in die Tür.
Und sie kommt, so hurtig sie kann; Unheil ahnend, mit bebenden Füßen.
Nimmt sich nicht Zeit, das Haar zu glätten und die Haube zu richten.
Schnell, öffne das Kuvert;
Oh, das ist nicht unseres Sohnes Handschrift? Doch seine Unterschrift ist's.
Oh, eine fremde Hand hat für unseren lieben Sohn geschrieben! – oh gequältes Mutterherz!
Alles schwimmt vor ihren Augen mit schwarzen Flecken; nur die Hauptstellen vernimmt sie.
Abgerissene Sätze. – „Eine Schußwunde in die Brust" – „In

einem Kavalleriegefecht“ – „Ins Hospital gebracht.“ – “
Jetzt noch schwach“ – „Wird bald besser.“
Ach, nur diese Gestalt seh′ ich;
Im ganzen fruchtbaren, gesegneten Ohio mit all seinen Städten und Farmen.
Wie sie krank und bleich, mit schwindelnden Sinnen, in Ohnmacht,
An diesem Türpfosten lehnt.
„Gräme dich nicht so, liebe Mutter,“ (spricht die erwachsene Tochter durch Tränen,
Während die kleinen Schwestern herbeieilen, still und ängstlich),
„Sieh doch, liebste Mutter; der Brief sagt ja, daß Peter bald wieder wohl sein wird.“
Ach, armer Bursch! Er wird nie wieder wohl, (noch braucht ihm je wieder wohl zu werden, der braven, treuen Seele).
Während sie in der Heimat hier an der Tür stehn, ist er schon tot.
Ist der einzige Sohn tot.
Mit der Mutter aber könnte es besser stehn.
Schwarzgekleidet ist ihre schmächtige Gestalt.
Bei Tage unberührt läßt sie die Speise und schlechten Schlaf hat sie bei Nacht und erwacht viel,
Mitten in der Nacht erwacht sie, weint, sehnt sich mit tiefer Sehnsucht;
Daß sie still von hinnen gehen möchte; still und heimlich aus dem Leben zu fliehen;
Zu folgen, zu suchen, zu sein bei ihrem lieben toten Sohn.

Einem Sterbenden

Aus allen andern wähle ich dich und habe eine Botschaft an dich.

Sterben mußt du – laß andre reden, was sie wollen, ich kann's dir nicht verhehlen;
Ich bin ehrlich und unbarmherzig; doch lieb' ich dich – es gibt kein Entrinnen für dich.
Sanft leg' ich meine Rechte auf dich, du mußt sie fühlen.
Ich rede nicht auf dich ein, ich beuge mein Haupt und verhülle es halb.
Ruhig sitz' ich bei dir, bleibe dir treu;
Bin mehr als Wärter, mehr als Vater oder Nachbar;
Spreche dich los von allem, außer von dir selbst und deiner ewigen Geistigkeit und Körperlichkeit; du selbst wirst sicherlich entrinnen.
Der Leichnam, den du zurücklässest, ist nichts als Unrat.
Die Sonne dringt ein nach unsichtbaren Richtungen;
Starke Gedanken erfüllen dich und Vertrauen; du lächelst.
Du vergißt, daß du krank bist, wie ich es vergesse.
Du siehst nicht die Arzneien; nicht kümmern dich die weinenden Freunde: ich bin bei dir.
Ich schließe die andern von dir ab, denn hier gibt's nichts zu bejammern,
Ich bedauere dich nicht, ich wünsche dir Glück.

An ihn, der gekreuzigt ward

Zu dem deinen erhebt sich mein Geist, geliebter Bruder.
Laß dich's nicht kümmern, daß so viele deinen Namen aussprechen, ohne dich zu verstehen.
Ich spreche deinen Namen nicht aus, doch versteh' ich dich.
Mit Freude such' ich, mein Gefährte! dich zu begrüßen und die deinen vor dir, seither und in der Zukunft;
Die wir alle miteinander wirken und denselben Beruf überliefern und die gleiche Aufeinanderfolge,
Wir wenigen Gleichen aus allen Ländern und allen Zeiten;

Wir, die wir alle Kontinente umschließen, alle Kasten und alle Theologien gestalten;
Wir Mitleidsvollen, Erkennenden, wir Einiger der Menschheit;
Schweigend schreiten wir durch Dispute und Behauptungen, verwerfen keinen Streitenden, noch irgendeine Behauptung;
Wir hören Gewühl und Geschrei; Spaltungen dringen auf uns ein, Eifersucht und Anschuldigung von allen Seiten;
Drohend umgeben sie uns, uns zu umzingeln, mein Gefährte;
Dennoch wandern wir unbehindert, frei über die ganze Erde, ziehen hin und her, bis wir unsre untilgbare Spur auf alle Zeiten und Zeitalter geprägt haben;
Bis wir Zeiten und Zeitalter durchdrungen haben, bis Männer und Weiber aller Rassen, in kommenden Jahrhunderten, Brüder sind und Liebende gleich uns.

Ich hörte die Allmutter

Ich hörte die Allmutter, wie sie sinnend in den Anblick ihrer Toten verloren,
Und mit kummervollem Blick an den verstümmelten Körpern, an den die Schlachtgefilde bedeckenden Gliedmaßen haftend,
(Das letzte Geschütz ist verstummt und nur noch der Ruch des Pulverdampfes wittert) –
Wie sie mit trauervoller Stimme, über sie hinwandelnd, ihre Erde anrief:
Nimm, meine Erde, dies alles gut in dich auf, rief sie; ich beauftrage dich, nicht einen meiner Söhne zu vergessen, und nicht ein Atom ihrer;
Und ihr Ströme, nehmt sie gut auf, nehmt ihr teures Blut hinweg;
Ihr blutgetränkten Stellen des Erdreichs, und ihr Lüfte, die ihr oben im reinen Lichtäther schwimmt;
Und all ihr Essenzen von Erde und Wachstum; ihr meine

Flußtiefen;
Ihr meine Bergflanken; ihr Wälder, gerötet vom sickernden Blut meiner teuren Kinder;
Ihr Bäume mit euren tiefen Wurzeln saugt es auf, um es allen zukünftigen Bäumen zu vermachen.
Süd und Nord, nehmt meine Toten auf – nehmt auf die Leiber meiner jungen Männer und ihr kostbar teures Blut;
Nehmt es mir in getreuliche Hut für die Zukunft und gebt es mir wieder nach vielen Jahren;
Nach Jahrhunderten, in unsichtbaren Essenzen und Düften grasüberwucherten Erdbodens;
In Lüften, die über den Gefilden wehen, gebt mir meine Lieblinge wieder, meine unsterblichen Helden.
Nach Jahrhunderten atmet sie wieder aus; atmet mir ihre Seelen wieder aus; nicht ein Atom laßt verloren sein.
Oh Jahre und Gräber! Oh Luft und Erdreich! Oh meine Toten! Oh süßes Aroma!
Atmet sie wieder aus, meine unsterblichen geliebten Toten!
Nach Jahren! Nach Jahrhunderten!

Wer lernt meine Lektion aus?

Wer lernt meine Lektion aus?
Meister, Geselle, Lehrling, Geistlicher und Atheist,
Der dumme und der weise Denker, Eltern, Kinder und
Kaufmann, Kommis, Markthelfer und Kunde,
Redakteur, Schriftsteller, Künstler, Schulbube; tretet heran und beginnt!
Es ist keine Lektion – es öffnet die Tore zu einer Lektion,
Und diese einer andern und jegliche noch einer andern.
Die großen Gesetze geben und nehmen ohne Beweisgründe;
Ich bin von gleicher Art, denn ich bin ihr Freund.
Ich liebe sie, wie Gleiches das Gleiche; ich bleibe nicht stehen

und katzenbuckle nicht.
Lässig lieg' ich da und lausche auf wunderschöne Geschichten von Dingen und Ursachen der Dinge;
So schön sind sie, ich sporne mich, zu lauschen.
Was ich höre, niemandem kann ich's sagen – mir selbst kann ich's nicht sagen – es ist sehr wunderbar.
Es ist kein Kleines; diese runde prächtige Kugel, die sich so genau in ihrer Bahn bewegt, immer und ewig, ohne einen einzigen Stoß oder die Ungenauigkeit einer einzigen Sekunde nur;
Ich glaube nicht, daß sie in sechs Tagen geschaffen wurde, noch in zehntausend, noch in zehn Billionen Jahren;
Noch daß sie entworfen und gebaut wurde, ein Teil nach dem andern, wie ein Architekt ein Haus entwirft und baut.
Ich glaube nicht, daß siebzig Jahre die Lebensfrist eines Mannes oder eines Weibes sind;
Noch daß siebzig Millionen von Jahren die Lebensfrist eines Mannes oder eines Weibes sind,
Noch daß Jahre jemals meine oder eines andern Existenz enden werden.
Ist es wunderbar, daß ich unsterblich bin? Wie ein jeder unsterblich ist?
Ich weiß, daß es wunderbar ist; doch mein Augenlicht ist ebenso wunderbar, und wie ich in meiner Mutter Leib empfangen wurde, ist ebenso wunderbar;
Und wie ich durch eine Zahl von Sommern und Wintern als Kind wie im Traum kroch, um dann sprechen und laufen zu lernen, – all dies ist ebenso wunderbar.
Und daß meine Seele dich in dieser Stunde umarmt, und daß wir aufeinander wirken ohne uns jemals gesehen zu haben und ohne vielleicht je uns zu sehen, ist durchaus ebenso wunderbar;
Und daß ich derlei Gedanken denken kann, ist ebenso wunderbar;
Und daß ich dich daran gemahnen kann, daß auch du sie

denkst und weißt, daß sie wahr sind, ist ebenso wunderbar.
Und daß der Mond um die Erde kreist und fort kreist mit der Erde, ist ebenso wunderbar;
Und daß beide sich im Gleichgewicht halten mit Sonne und Sternen, ist ebenso wunderbar.

Der geheimnisvolle Trompeter

1.

Hört, ein wilder Trompeter, ein fremder Musikant;
Unsichtbar schmettert er nächtens seltsam vibrierende Töne in die Luft.
Ich höre dich, Trompeter! Aufmerksam lausch' ich und bewahre deine Klänge.
Jetzt schwellen sie an, umwirbeln mich im Sturm;
Jetzt tönen sie leise, halblaut, verlieren sich nun in der Ferne.

2.

Komm näher, Körperloser! Es tönt vielleicht aus dir
Ein toter Komponist; vielleicht auch war dein verträumtes Herz
Voll hohen Strebens und voll dunkler Ideale;
Wellen melodischer Meere in chaotischer Brandung,
Was jetzt, verzückter, zu mir hergeneigter Geist, der Widerhall deines schallenden Hornes
Ausgießt in mein Ohr, in meines allein, und freigebig,
Damit ich's deute.

3.

Blase, Trompeter! frisch und hell; ich folge dir.
Während unter deinem sanften, heiterfrohen Vorspiel
Die tosende Welt, die Straßen, die lärmenden Tagstunden versinken,
Senkt sich der Tau heiliger Ruhe auf mich nieder.
In kühler, erfrischender Nacht wandl' ich paradiesische Pfade;
Grasduft atm' ich, frischfeuchte Luft und Rasen;
Dein Lied befreit meinen starren, gefesselten Sinn,
Du läßt ihn schweifen und schweben, sich sonnen auf himmlischem See.

4.

Blase weiter, Trompeter! und meinen begierigen Augen
Bringe herauf die Pracht der Antike; die Vision der Feudalwelt.
Zauberisch läßt dein Getön an mir vorüberschreiten
Längst verblichene Damen und Ritter; es sitzen in ihren
Schloßhallen Barone, und es singt der Troubadour;
Es ziehen bewaffnete Ritter aus, Unbilden zu rächen, oder den heiligen Gral zu suchen;
Ich sehe das Turnier; sehe die Kämpen in schwerer Rüstung auf stattlichen Streitrossen sitzen;
Ich höre die Rufe, die Schläge, den klingenden Stahl;
Ich sehe der Kreuzfahrer brausende Heere. – Horch, wie die Zymbeln tönen!
Dort, wo die Mönche vorangehen mit hocherhobenem Kreuze.

5.

Blase weiter, Trompeter! Wähle zum Thema,
Das, was alles umschließt, die erlösende Ordnung;
Liebe, den Herztakt des Alls, der Freuden und Leiden;

Herz von Mann und Weib zur Liebe geschaffen.
Kein andres Thema als Liebe – einende, alles umfangende, alldurchdringende Liebe.
Oh wie ewige Gesichte rings mich umkränzen!
Ich sehe den ungeheuren, ewig wirkenden Kreis; sehe und kenne die Flammen, welche die Welt durchwärmen:
Das Glühen, die Röte, der Liebenden klopfende Herzen;
So wonneselig die einen; die andern so still, so finster, dem Tod nah.
Liebe, alle Welt der Verliebten! – Liebe, die über Zeit und Raum spottet!
Liebe, die Tag und Nacht – die Sonne ist, Mond und Sterne.
Liebe, purpurn, prunkend, siech von Wohlgerüchen.
Keine andern Worte als Worte der Liebe; keine andern Gedanken als Liebe.

6.

Blas' weiter, Trompeter! Kriegslärm beschwör' herauf.
Auf dein magisches Wort gleich erhebt sich dumpfes Gedröhn wie rollender Donner.
Sieh, Bewaffnete stürmen. – Sieh, durch Staubgewölk die Bajonette gleißen!
Ich gewahre grimmig blickende Kanoniere; Feuerlohe seh' ich durch Pulverdampf schlagen; ich höre das Knattern der Gewehre.
Nicht nur Krieg – dein schauerlich Lied, du wilder Spieler, bringt jegliches Schreckensgesicht;
Untaten fühlloser Mörder, Raub, Mord. – Ich höre den Schrei um Hilfe.
Schiffe seh' ich scheitern im Meer; auf und unter dem Deck erblick' ich grausige Szenen.

7.

Oh Trompeter! bin ich selbst das Instrument, auf dem du spielst?
Du schmelzest mein Herz, mein Hirn – du erschütterst mich, ziehst mich an, spielst mit mir, wie du willst.
Mit Finsternis jetzt durchdringt mich dein düstres Lied.
Du beraubst lieblichen Lichts und jeglicher Hoffnung.
Ich sehe die Geknechteten, die Unterdrückten, Geschlagenen der ganzen Erde;
Fühle der Menschheit endlose Schmach und Erniedrigung, alles betrifft mich;
Auch die Rache der Menschheit, der Zeitalter Sünden, verheerende Fehden und Zwietracht;
Gänzliche Niederlage lastet auf mir! alles verloren; siegreich der Feind.
(Doch unter Trümmern unerschütterlich steht und gigantisch der Stolz bis zum äußersten,
Ausdauer und äußerste Entschlossenheit.)

8.

Jetzt, Trompeter! zum Schluß
Stimm' ein höheres Lied an als alle bisher!
Sing' meiner Seele, belebe ihr schwindend Vertrauen und Hoffen;
Stärk' meinen schwachen Glauben; gib mir ein Zukunftsbild;
Gib mir mit Vorahnung zugleich Wonne der Erfüllung.
Oh frohes jauchzendes Lied der letzten Höhe!
Mehr als irdische Kraft lebt in dem Klang.
Siegesmärsche! – Freiheit! – Endlich Sieger der Mensch!
Hymnen *einem* Gott von *allen* Menschen! – Freude!
Eine neugeborene Rasse im Licht! – Eine vollkommene Welt!
Freude!

Männer und Frauen in Weisheit, Unschuld und Gesundheit! –
Freude!
Laute, lachende Feste erfüllt mit Freude!
Krieg, Sorgen, Leiden dahin! Vom Übel gereinigt die Erde! –
Nichts blieb übrig als Freude!
Die Ozeane erfüllt von Freude! – Die Luft voll Freude!
Freude! Freude in Freiheit, Anbetung, Liebe! Freude in des
Lebens höchster Steigerung!
Genug zum Sein! Genug zum Atmen!
Freude! Freude! Überall Freude!